UNIVERSITÉ DE FRANCE.

ACADÉMIE DE STRASBOURG.

ACTE PUBLIC
POUR LE DOCTORAT

PRÉSENTÉ

A LA FACULTÉ DE DROIT DE STRASBOURG,

ET SOUTENU PUBLIQUEMENT

LE LUNDI 26 MAI 1856, A MIDI,

PAR

LÉON RUYER,

AVOCAT,

DE SAINT-DIÉ (VOSGES).

STRASBOURG,
IMPRIMERIE DE G. SILBERMANN, PLACE SAINT-THOMAS, 3.
1856.

ACTE PUBLIC

POUR LE DOCTORAT

PRÉSENTÉ

A LA FACULTÉ DE DROIT DE STRASBOURG,

ET SOUTENU PUBLIQUEMENT

LE LUNDI 26 MAI 1856, A MIDI,

PAR

LÉON RUYER,

AVOCAT,

DE SAINT-DIE (VOSGES).

STRASBOURG,

IMPRIMERIE DE G. SILBERMANN, PLACE SAINT-THOMAS, 3.

1856.

A LA MÉMOIRE DE MON PÈRE.

A MA MÈRE.

L. RUYER.

FACULTÉ DE DROIT DE STRASBOURG.

MM. Aubry ✳ . . . . doyen et prof. de Droit civil français.
Hepp ✳ . . . . professeur de Droit des gens.
Heimburger . . . . . professeur de Droit romain.
Thieriet ✳ . . . . . professeur de Droit commercial.
Schützenberger ✳ . professeur de Droit administratif.
Rau ✳ . . . . professeur de Droit civil français.
Eschbach . . . . professeur de Droit civil français.
Lamache ✳ . . . . . . professeur de Droit romain.
Destrais . . . . professeur de procédure civile et de
                          législation criminelle.

Bloechel ✳ . . . . . professeur honoraire.

Michaux-Bellaire. . } professeurs suppléants provisoires.
Beudant. . . . . . . }

Bécourt, officier de l'Université, secrétaire, agent compt.

MM. Rau, président de la thèse.
    Eschbach,
    Lamache,
    Destrais,
    Michaux-Bellaire, } examinateurs.

DROIT CIVIL FRANÇAIS.

De la transcription en matière hypothécaire.

INTRODUCTION.

La loi de brumaire an **VII** avait exigé la publicité pour l'établissement de la propriété comme pour la constitution de l'hypothèque. Les mutations de propriété n'avaient d'effet contre les tiers que par la transcription, et les priviléges et hypothèques que par l'inscription. Le projet du Code Napoléon contenait un article qui prescrivait la transcription des actes translatifs de propriété pour pouvoir les opposer aux tiers. Ce fut au titre *Des obligations* que la discussion commença. La transcription avait ses partisans et ses adversaires. Rien n'est dangereux, disaient les premiers, comme les mutations clandestines. Il importe que la société connaisse l'aliénation, afin de savoir qui est propriétaire. Les seconds répondaient : Un acheteur par ignorance ou par oubli peut ne pas se hâter de faire transcrire le jour même ou le lendemain de la vente. Pourquoi alors l'en punir? Pourquoi laisser au vendeur le droit de le dépouiller? On ne put s'accorder, on convint alors de renvoyer la solution de la question au titre *De la vente* ou *Des hypothèques*; d'où l'art. 1140. Au titre *De la* *vente* la lutte recommença, mais on réserva encore la question au lieu de la résoudre. Seulement, comme personne ne contestait que la convention suffît pour transférer la propriété entre les parties, on consacra le principe que la vente rend l'acheteur propriétaire à l'égard du vendeur, et on laissa entière la question de savoir s'il serait obligé ou non de transcrire pour devenir propriétaire à l'égard des tiers; de là l'art. 1583.

Au titre *Des hypothèques*, la lutte recommença plus vive. D'un côté, Treilhard appuyait l'article proposé; de l'autre, Tronchet le combattait. « L'acheteur, disait ce dernier, a les titres sous les yeux, il peut vérifier la possession du vendeur et ce serait pour se dispenser de cet examen qu'on ne craindrait pas de compromettre la propriété d'un citoyen qui se repose avec sécurité sur un contrat légal. Cette disposition, à la vérité, n'est pas nouvelle, on l'a empruntée à la loi de brumaire an VII; mais elle n'y était placée, comme beaucoup d'autres, que pour l'intérêt du fisc et sans avoir de point d'appui dans les principes de la matière.» Treilhard opposait avec force que ce principe était indispensable à la sûreté des transactions, et que l'effet du système de la publicité des hypothèques serait manqué si on ne le consacrait. Mais l'article proposé ne reparut pas. Ainsi la seule convention suffisait pour la translation de la propriété entre les parties et à l'égard du tiers; on n'exigeait point, pour l'opposer à ces derniers, la transcription, formalité publique au moyen de laquelle on eût pu s'assurer que la propriété résidait dans la personne avec laquelle on traitait. De là des embûches et des mécomptes pour les acquéreurs et les emprunteurs, et, comme l'hypothèque se rattache directement à l'établissement de la propriété, le trouble et l'incohérence dans plusieurs parties de notre système hypothécaire. La publicité exigée pour l'hypothèque restait une garantie presque stérile, parce qu'elle ne remontait pas au droit de propriété. On pouvait s'assurer de la condition hypothécaire d'un immeuble, savoir s'il était libre ou grevé, et on ne savait si l'emprunteur était propriétaire de cet immeuble qu'il offrait en garantie. Aussi, depuis que le Code Napoléon existe, pour ainsi dire, les jurisconsultes ont-ils élevé la voix pour signaler ces vices et chercher à les faire disparaître. Les déceptions, les désastres et les encouragements à la mauvaise foi étaient si nombreux dans la pratique des affaires, que M. Dupin disait un jour comme procureur général : « Celui qui achète n'est pas certain de rester propriétaire, celui qui paie de ne pas être obligé de payer une deuxième fois et celui qui emprunte, d'être remboursé. »

En 1841, une enquête s'ouvre dans toute la France. La Cour suprême et toutes les Cours d'appel sont consultées sur les dispositions à prendre pour faire disparaître un tel état de choses. Presque toutes répondent que la première réforme à introduire est le rétablissement de latranscription. Sur neuf facultés de Droit, sept sont aussi du même avis. En 1851, la question fut portée devant l'Assemblée législative. Elle y fut examinée avec la plus grande attention par les hommes les plus éminents, mais le projet ne put arriver à la troisième lecture.

La loi du 23 mars 1855 a enfin rétabli le principe de la transcription et lui a même donné une plus grande extension que sous l'empire de la loi de brumaire. Écoutons dans quels termes M. de Belleyme signalait les dangers du système du Code, dans son rapport au Corps législatif, à la séance du 31 mai 1854. «Dans l'état actuel des choses, disait-il, rien ne révèle d'une manière certaine et publique quel est le propriétaire d'un immeuble ; il n'existe aucun moyen de s'assurer de la vérité à cet égard, et en traitant avec celui qui a toutes les apparences du droit de propriété, on n'est jamais sûr de traiter avec le véritable propriétaire. Il n'est pas impossible de vendre et de se faire payer plusieurs fois le même immeuble ou d'hypothéquer un immeuble que l'on a vendu.

« Un acquéreur de bonne foi, malgré l'authenticité et la publicité de son acte, de sa mise en possession et le paiement régulier de son prix, n'est jamais sûr de ne pas être évincé, même au bout de plusieurs années, par un acquéreur précédent qui s'est laissé ignorer et dont l'acte sous seing privé, tenú secret, aura acquis date certaine par un enregistrement clandestin opéré à deux cents lieues peut-être du domicile du vendeur ou de la situation de l'immeuble. Un propriétaire peut, dans une idée de fraude, aliéner seulement la nue propriété, conserver l'usufruit et la possession de l'immeuble et abuser avec une extrême facilité, par une nouvelle vente. de la bonne foi d'un second acquéreur. Les adjudications publiques par suite d'expropriation forcée ne mettent pas elles-mêmes les acquéreurs à l'abri de ces dangers : l'adjudicataire peut être évincé par un premier acquéreur dont le droit a pris date certaine.

«Ce qui arrive à un acquéreur pour le fonds de la propriété qui lui a été vendue et dont le prive une éviction imprévue, peut aussi se présenter pour un usufruit, pour un droit d'usage ou d'habitation, pour une servitude onéreuse, pour un bail qu'on lui aurait laissé ignorer et qu'il est obligé de supporter à son détriment quand ces charges prennent leur cause dans des actes antérieurs à son contrat. Dans tous les cas, l'acquéreur n'a pas eu la possibilité de se prémunir; l'inspection des titres du vendeur n'a été pour lui qu'une inutile exploration.

« Le même danger menace les prêteurs: il ne leur suffit pas de s'assurer de la valeur de l'immeuble qu'on leur donne en gage, des droits du propriétaire, de la non-existence d'inscriptions antérieures; les plus ombrageux, les plus prudents peuvent être surpris et dépossédés par des aliénations faites la veille et qu'ils n'avaient aucune raison de soupçonner. Dès que le prêteur n'a pas le moyen de s'assurer que l'immeuble qui lui est donné en gage, est la propriété de son débiteur, tout le système hypothécaire est compromis; l'hypothèque peut subitement disparaître par l'effet d'une revendication, et c'est un danger contre lequel le Code reste impuissant, un vice qui laisse à la fraude le plus facile passage.

« Enfin, le débiteur, tout en étant réellement propriétaire, peut avoir altéré secrètement la valeur du gage qu'il offre à un créancier par une constitution d'usufruit, par la concession d'un bail de longue durée faite à vil prix, par le paiement anticipé d'un grand nombre d'années de loyer, par l'établissement d'une antichrèse.

« Dans tous ces cas, il faut bien se pénétrer de l'impuissance absolue dans laquelle la loi laisse le prêteur de connaître la vérité et de ne pas être victime de la fraude et de la mauvaise foi.»

Le rétablissement de la transcription a pour but de

faire cesser ces dangers. D'après cette loi donc, les actes translatifs de propriété, de droits réels susceptibles d'hypothèque ou de charges qui altèrent la valeur venale de l'immeuble, valables entre les parties par leur seul consentement, ne peuvent être opposés aux tiers qu'autant qu'ils auront été transcrits, c'est-à-dire copiés entièrement et littéralement sur un registre spécial tenu par le conservateur des hypothèques et que toute personne peut consulter. Ainsi, entre les parties contractantes la nouvelle loi n'apporte aucune modification au Code. Entre elles la propriété et les autres droits continuent à être transmis par le seul effet du consentement : la transcription n'est exigée que pour pouvoir opposer ces droits aux tiers. Il n'y a pas d'inconséquence à exiger en faveur de ceux-ci un moyen de publicité destiné à les mettre en garde contre les erreurs et les déceptions; du reste, si c'était là une inconséquence, elle ne serait pas seule dans notre législation, car il est bien des cas où l'on est réputé propriétaire à l'égard de telle personne sans l'être à l'égard de telle autre, dans le cas de cession d'une créance, par exemple (C. Nap., art. 1690).

La plupart des auteurs qui ont écrit sur les hypothèques ont réclamé le rétablissement de la transcription comme remède aux vices qu'ils signalaient; cependant ils ont eu quelques adversaires. Dans le *Répertoire* de Merlin, un article de Tarrible, membre du Tribunat, porte qu'avec le nouveau système, tout contraire à celui de brumaire an VII, il n'y aura plus à craindre qu'un débiteur, après l'aliénation de son immeuble, puisse créer de nouvelles hypothèques postérieures à cette aliénation, ni consentir de nouvelles ventes. Favard de Langlade, dans son *Réper-*

toire, dit que la disposition de la loi de brumaire an VII était une exagération du principe de la publicité et avait pour effet nécessaire de favoriser la fraude, que le Code civil est sagement revenu à l'ancien Droit, sous l'empire duquel la mutation s'opère par l'acte même qui est translatif de la propriété.

La loi du 23 mars 1855, que l'on présentait comme devant donner satisfaction à un vœu général, a elle-même trouvé des adversaires.

Ce sera, dirent-ils, bouleverser le Code, ce sera détruire cette règle d'après laquelle une convention est parfaite par le seul consentement des parties. Il est inexact de prétendre que la transcription soit exigée seulement à l'égard des tiers, elle l'est encore à l'égard d'une partie contractante : ainsi, un individu a vendu deux fois son immeuble par deux actes successifs : le deuxième acquéreur sera préféré s'il a fait transcrire le premier. Mais ce deuxième acquéreur ne peut pas être considéré comme un tiers, puisqu'il est le représentant, l'ayant droit du vendeur qui devrait ne pouvoir céder plus de droits qu'il n'en avait lui-même. M. de Belleyme répondit à cette objection en disant que, en dehors des deux parties contractantes, il n'y a que des tiers, que le deuxième acquéreur est un tiers vis-à-vis du vendeur primitif et que, par conséquent, il était naturel qu'il fût investi de la propriété s'il avait transcrit le premier.

Les adversaires de la loi ajoutaient ensuite : La loi nouvelle, dit-on, est proposée dans l'intérêt de l'acquéreur qui, sous l'empire du Code, ne sait pas si l'immeuble est la propriété du vendeur, elle est fondée sur ce qu'il pourrait se faire qu'à deux cents lieues de distance on eût fait enregistrer clandestinement une première vente que l'on viendrait ensuite opposer à un deuxième acquéreur. Mais quand un receveur de l'enregistrement reçoit un contrat relatif à un immeuble situé à une grande distance, il en informe son collègue du lieu où l'immeuble est situé. Cet avis est transmis au bureau des mutations. En se transportant donc à ce bureau, on pourra se renseigner et on saura si aucun contrat ne prime celui que l'on projette. Dans le cas de deux ventes du même immeuble par le même vendeur, le deuxième acquéreur devra donc n'accuser que lui-même s'il a ignoré la première vente. Ensuite, dans ce cas, il y a stellionat; le vendeur vend, sachant qu'il ne peut pas vendre; or, la fraude ne se présume pas : comment, d'ailleurs donner pour base à la loi un cas de fraude qui est tout exceptionnel ?

D'autre part, la loi bouleverserait le Code sans remédier au mal. Ainsi, quelqu'un veut acheter un immeuble ; le certificat du conservateur lui apprend que cet immeuble appartient encore à celui qui s'en dit propriétaire. La vente a lieu, mais aussitôt après la délivrance du certificat du conservateur, un tiers, qui a acheté le même immeuble depuis quelques jours, fait transcrire son contrat. Le deuxième acquéreur sera donc dépossédé, parce qu'un autre acte a été transcrit dans le court espace de la signature du contrat à la transcription. Enfin, disaient-ils encore, rétablir la transcription, c'est reconstituer la féodalité, c'est rappeler l'ancienne division du droit de propriété en domaine utile et en domaine direct.

Ces objections avaient quelque chose d'exagéré. De ce qu'une loi a voulu prévenir la fraude, il ne s'ensuit pas qu'elle soit mauvaise : et, dans le cas de deux ou plusieurs ventes du même immeuble par le même vendeur, l'acquéreur n'aura rien à craindre de la mauvaise foi de celui-ci, s'il ne verse les fonds que quand son contrat aura été transcrit.

La nouvelle loi établit, en outre, qu'à partir de la transcription, les créanciers qui auront des priviléges ou des hypothèques, ne pourront prendre inscription sur le précédent propriétaire, même en vertu de titres antérieurs aux aliénations ; elle fait toutefois une exception en faveur du vendeur et du copartageant, qui pourront inscrire leur privilége dans les quarante-cinq jours de la vente ou du partage. Elle ordonne que les jugements portant résolution, nullité ou rescision d'un acte transcrit soient rendus publics, afin que les tiers ne soient pas trompés par l'existence apparente d'un acte qui est anéanti. Elle veut que l'action résolutoire du vendeur ne puisse être exercée au préjudice des acquéreurs, quand son privilége sera éteint. Les hypothèques légales des femmes, des mineurs et des interdits, continuent à être dispensées d'inscription, mais comme la protection qu'on accorde à ces incapables, doit cesser avec leur incapacité, la nouvelle loi décide que si l'inscription de ces hypothèques légales n'a pas été prise dans l'année qui suit la dissolution du mariage ou la cessation de la tutelle, elles ne dateront, à l'égard des tiers, que du jour des inscriptions prises ultérieurement. Enfin, comme celui à qui la femme cède son hypothèque légale, ne doit pas être protégé par les mêmes considérations que la femme elle-même, la nouvelle loi exige que cette cession soit faite par acte authentique, et qu'elle soit rendue publique.

Cette loi apporte donc des améliorations incontestables. Elle asseoit la preuve extérieure du droit de propriété sur un fondement plus solide que sous l'empire du Code. La situation des parties qui contractent sera mieux connue, et dès lors les piéges et les surprises seront moins fréquents. Mais il ne faut pas exagérer et croire que, même quand quelqu'un sera réputé propriétaire d'un immeuble en vertu d'un acte transcrit, les tiers pourront traiter avec lui sans crainte de déception. La transcription de l'acte prouvera, en effet, qu'une aliénation a eu lieu, mais elle ne garantira pas sa validité; ce sera donc aux tiers à rechercher si cette aliénation n'est pas entachée d'un vice, d'une nullité, d'une cause de résolution.

La loi, par les matières dont elle s'occupe, se rattache à presque toutes les parties de notre Droit. Il lui était impossible de prévoir et de réglementer tous les cas : elle s'est contentée de poser des principes généraux, de sorte qu'il lui arrivera quelquefois de se heurter contre les dispositions du Code, et de présenter dans son application des difficultés et des lacunes.

Actes soumis à la transcription.

Les déclarations de successions *ab intestat* ne sont pas soumises à la transcription. On ne pouvait, sans se mettre en opposition avec le principe de la saisine, et sans bouleverser les principes fondamentaux de notre Droit en matière de succession, faire dépendre, au regard des tiers, de l'accomplissement de la transcription, la transmission à l'héritier des droits du défunt. La succession est un événement qui vient à la suite d'un décès qui a frappé l'attention. Le droit de l'héritier s'établit publiquement en vertu de la loi et des actes de l'état civil. Aucune erreur n'est donc à craindre pour les tiers. L'obligation de transcrire les successions *ab intestat* n'aurait donc pour résultat que de satisfaire la curiosité et de dresser la complète généalogie des propriétés.

Les successions testamentaires ne sont pas non plus soumises à la transcription. Le légataire, a dit le législateur, peut ignorer l'existence du testament, puisqu'il n'y a pas été partie. L'héritier peut même la lui dissimuler. Il s'écoulera donc à partir du décès du testateur un certain temps pendant lequel le légataire ne pourra faire transcrire. Laissera-t-on pendant ce temps le légataire à la merci de l'héritier? Accordera-t-on à ce dernier le droit d'aliéner valablement les immeubles de la succession? Non, cela n'est pas possible. Outre l'intérêt du légataire, il y a celui du testateur. Faire dépendre la validité des testaments de leur transcription serait porter att...inte à la faculté de tester, puisque l'efficacité de cette faculté se trouverait dépendre du caprice ou de l'animosité de parents que l'on déshérite.

Et si l'on accordait un délai pour faire transcrire, quelle serait la durée de ce délai? Le ferait-on courir du jour du décès, ou du jour de la connaissance acquise du testament? Ensuite, que d'inconvénients résulteraient de cette suspension du droit de propriété!

Ainsi, dès que le testateur est mort, ses dispositions sont réputées connues des tiers, et comme telles opposables à ceux qui traiteront avec l'héritier. Ce défaut de publicité donnera lieu à bien des déceptions. Quelqu'un meurt léguant tous ses immeubles à un ami, ses héritiers légitimes prennent possession de ses biens. La loi les en *institue publiquement* propriétaires; ils aliènent les immeubles à des tiers qui les aliènent à leur tour, ou consentent sur eux des hypothèques : les acquéreurs transcrivent, les prêteurs inscrivent. Mais le testament qui déshérite en secret ces héritiers est produit : alors toutes ces acquisitions, toutes ces hypothèques s'anéantissent. Et si les héritiers sont insolvables, les tiers, malgré leur bonne foi et l'erreur invincible dans laquelle on les aura laissés, perdront leur prix d'acquisition ou l'argent qu'ils auront prêté.

Mais, si la succession est purement mobilière, le système est tout autre. Si l'héritier aliène les meubles légués et les livre à des acquéreurs de bonne foi, le légataire, n'ayant pas l'action en revendication (Cod. Nap., art. 2279), n'aura plus qu'une action personnelle contre l'héritier, et verra son droit s'évanouir si celui-ci est devenu insolvable.

Sous l'empire du Code Napoléon, les donations

avec ou sans substitution et les legs avec substitution devaient être transcrits (Code Nap., art. 939, 1069). L'art. 1er de la nouvelle loi paraîtrait par la généralité de ses termes dispenser de la transcription tous les legs quels qu'ils fussent. Mais l'art. 11 de cette loi dit qu'il n'est point dérogé aux dispositions du Code sur la transcription des actes portant donation ou contenant des dispositions à charge de rendre. Le legs grevé de substitution doit encore être transcrit. Ainsi, dès que le testateur est mort, son legs est, quoique non transcrit, réputé connu des tiers en tant que legs, mais, quant à la substitution dont il est grevé, c'est le contraire qui a lieu, la substitution n'est réputée connue qu'autant que le legs a été transcrit. Les tiers sont censés connaître les droits du légataire, et sont réputés ignorer les charges dont il est tenu. Ils ignorent l'une des clauses les plus essentielles d'un contrat qu'ils connaissent. C'est une singulière distinction. Ainsi, tandis que les aliénations consenties et les hypothèques constituées par les héritiers seront, quoique antérieures à la transcription du testament, sans effet à l'égard du légataire, les actes émanés du grevé, antérieurs à la transcription de la substitution, resteront définitifs, alors même que son droit viendrait à être plus tard rétroactivement résolu par l'effet de la substitution.

Les art. 1 et 2 indiquent les actes qui doivent être transcrits.

«Sont transcrits au bureau des hypothèques de la situation des biens :

«1° Tout acte entre-vifs translatif de propriété immobilière ou de droits réels susceptibles d'hypothèque.

«2° Tout acte portant renonciation à ces mêmes droits.

«3° Tout jugement qui déclare l'existence d'une convention verbale de la nature ci-dessus exprimée.

«4° Tout jugement d'adjudication autre que celui rendu sur licitation au profit d'un cohéritier ou d'un copartageant (art. 1er).»

I. Deux conditions sont donc nécessaires pour qu'il y ait lieu à la transcription : 1° Il faut que l'acte intervenu entre les parties soit un acte translatif; 2° qu'il soit translatif, soit d'une propriété immobilière, soit d'un droit réel susceptible d'hypothèque.

La vente, l'échange, l'acte de société, sont des actes translatifs.

Les donations sont aussi des actes translatifs, mais la nouvelle loi ne les régit pas (art. 11). Leur publicité est réglée par les art. 939 et suiv. du Code Napoléon.

La transaction est translative de propriété quant aux choses qui n'étaient pas la matière de la contestation, et qui ont été données comme l'équivalent des concessions obtenues.

La dation en paiement est aussi un acte translatif. La dation en paiement de l'art. 1595 entre mari et femme est un acte translatif. Elle devra donc être transcrite.

En matière de partage de communauté, l'art. 1472 du Code Napoléon veut que les reprises de la femme ne soient pas bornées à un droit de prélèvement sur les biens de la communauté, et qu'elles puissent s'exercer sur les biens personnels du mari. Il peut donc, suivant l'art. 1470, être attribué à la femme des immeubles du mari pour le prix de ses biens personnels aliénés sans remploi, et pour les indemnités qui lui sont dues par la communauté. Il y a alors mutation, il doit donc y avoir transcription.

Mais la transcription ne sera pas nécessaire pour le prélèvement accordé aux époux par l'art. 1471 ; car la Cour de cassation a décidé que ce prélèvement s'exerce à titre de propriété.

Voyons maintenant quels sont les droits qui doivent être transcrits quand ils résultent des actes énumérés ci-dessus.

Le droit de propriété immobilière comprend : 1° la propriété qui forme le droit commun, la pleine propriété, celle qui comprend le dessus et le dessous du sol sur lequel elle est établie ; 2° la propriété superficiaire, telle que la propriété des divers étages d'une maison (Cod. Nap., art. 664) ; 3° la propriété acquise sans le sol ou sous le bâtiment d'autrui (Cod. Nap., art. 553) ; 4° le droit du fermier dans les baux à convenant ou domaine congéable (19 avril 1831) : le preneur est propriétaire des améliorations qu'il a créées ; 5° les mines exploitées en vertu d'un acte de concession du gouvernement, en conformité de la loi du 21 avril 1810, et qui constituent une propriété immobilière distincte de celle de la surface.

L'usufruit est un droit réel susceptible d'hypothèque (Cod. Nap., art. 2118).

Mais que doit-on décider relativement à l'emphytéose? L'ancienne emphytéose, avec ses effets particuliers et fort peu précis du reste, a été abolie. Mais on fait encore dans certaines provinces une convention à laquelle on donne le nom d'emphytéose. Ces conventions engendrent-elles un droit réel susceptible d'hypothèque ?

«Nous pensons, disent MM. Aubry et Rau, qu'elles ne peuvent avoir en aucun cas pour résultat d'opérer une division de la propriété. En effet, d'une part, la loi des

18 et 29 décembre 1790 a été abrogée par l'art. 7 de la loi du 30 ventôse an **XII**, d'autre part, la lettre de l'art. 543, l'esprit qui a présidé à sa rédaction, ainsi que celle des art. 530, 890, s'opposent à toute décomposition, même temporaire, de la propriété, et cette décomposition devient d'ailleurs inutile, parce que le contrat de louage, que les lois permettent de modifier à l'infini, suffit aux exigences de toutes les nécessités sociales. En résumé, la matière est, à notre avis, réglée par les principes suivants : 1° Quand un immeuble est cédé à la charge ou sous la réserve d'une rente perpétuelle, ce droit de propriété passe tout entier sur la tête de l'acquéreur, et la rente, assimilée d'ailleurs à un prix de vente, est essentiellement rachetable. 2° Si, au contraire, la cession de jouissance n'est que temporaire, et si les clauses de la convention n'établissent pas clairement qu'il ait été dans l'intention des contractants d'opérer, soit une translation de la propriété, soit une constitution de servitude personnelle, le contrat est soumis aux règles du louage, et le possesseur de l'immeuble dont la jouissance a été ainsi cédée, ne peut ni l'hypothéquer, ni former à son égard d'action possessoire. »

J'adopte complétement la théorie de MM. Aubry et Rau, et je déciderai donc que, si dans l'acte qualifié improprement emphytéose on reconnaît une vente, cet acte devra être transcrit, non pas comme un acte translatif d'un droit distinct et séparé de la propriété, mais comme un acte translatif de la propriété elle-même ; que si, au contraire, on reconnaît dans cet acte un bail d'une plus longue durée que les autres, mais enfin un bail, l'acte devra être transcrit, non point à titre d'acte translatif d'un droit réel susceptible d'hypothèque, mais, ce qui est différent, à titre de bail.

Les actionnaires de la banque de France et de la compagnie des canaux d'Orléans et de Loing peuvent donner à leurs actions la qualité d'immeubles et les rendre susceptibles d'hypothèque. Les cessions qui auront pour objet ces actions immobilières devront donc être transcrites. Mais, pourra-t-on dire, l'action, quoique immobilisée, ne confère qu'une simple créance, qu'un pur droit personnel; or, la nouvelle loi n'exige la transcription que pour les actes translatifs de droits réels, dès lors la cession de ces actions ne doit point être transcrite. — Le but de la loi est de fournir au prêteur le moyen de s'assurer que l'emprunteur est réellement propriétaire du bien qu'il hypothèque. Tout acte donc qui opère la mutation d'un bien susceptible d'hypothèque, doit être porté à la connaissance des tiers. La loi s'est mal exprimée; elle a voulu dire non pas droits réels susceptibles d'hypothèque, mais droits susceptibles d'hypothèque, comme elle l'a dit dans l'art. 939, relatif aux donations.

L'acte par lequel un propriétaire vend, soit une récolte de fruits pendants par branches ou par racines, soit une coupe de bois tenant encore au sol, soit une maison pour être démolie, n'est pas soumis à la transcription.

Ces ventes ne transfèrent qu'un pur droit mobilier. Si le locataire ou le fermier d'un immeuble élève des bâtiments sur cet immeuble, ces bâtiments appartiennent au propriétaire. Le locataire ou le fermier en jouira sans doute, mais au même titre qu'il jouit du sol et en vertu de son bail. S'il cède son bail, cette cession n'opérant aucune mutation de propriété ne sera point transcrite. Mais si les bâtiments ont été construits du consentement du propriétaire, sous la condition que le locataire ou le fermier en sera propriétaire tant qu'ils dureront, la cession qu'on en fera, devra être transcrite.

Enfin, si un usufruitier a élevé des bâtiments sur un fonds dont il a la jouissance, ces bâtiments appartiendront au propriétaire du sol, mais ils rentreront comme accessoires dans l'usufruit. Si l'usufruitier les aliène dans la limite de son droit d'usufruit, cette cession devra être transcrite.

La vente conditionnelle doit être transcrite comme la vente pure et simple, car la vente conditionnelle a pour effet d'enlever au vendeur le droit de consentir des aliénations ou des hypothèques définitives et irrévocables. Il importe donc que les tiers en soient informés. Si on la transcrit le jour même de sa passation, la condition, quand elle se réalise, rétroagit au jour du contrat, tant à l'égard des tiers qu'entre les parties elles-mêmes. Si, au contraire, on la transcrit avant ou après la réalisation de la condition, mais après sa passation, son effet ne date à l'égard des tiers que du jour de sa transcription. Sur ce point la controverse n'est pas possible et les auteurs sont d'accord.

Mais si, la condition étant encore en suspens, l'acheteur vend son droit conditionnel, cette cession sera-t-elle transcrite ? Les opinions sont partagées sur ce point. Un droit a été transmis, dit M. Mourlon, ce droit était susceptible d'hypothèque (art. 2125), la cession qui en est faite intéresse donc les tiers, elle doit donc être transcrite. MM. Rivierre et Huguet soutiennent, au contraire, que la transcription de la vente par laquelle l'acheteur conditionnel a transmis son droit à un deuxième acheteur, n'est obligatoire ni pendant que la condition est encore en suspens, ni même après qu'elle est accomplie. Ainsi, Primus vend sous une condition suspensive un immeuble à Secundus, la vente est transcrite : Secundus vend son droit conditionnel à Tertius, qui ne transcrit pas. Quand la condition s'accomplit, deux mutations ont lieu du même coup, selon MM. Rivierre et Huguet : l'une de Primus à Secundus, l'autre de Secundus à Tertius. Les tiers connaissent la première vente, mais ils ignorent la deuxième; néanmoins cette deuxième vente leur sera opposable, quoiqu'elle n'ait pas été transcrite. Ainsi, l'immeuble aura pu être vendu plusieurs fois par Secundus et successivement par une série d'acquéreurs, être grevé d'hypothèques du chef de chacun d'eux, tous ces ayants droit se seront mis en règle par la transcription et l'inscription de leurs titres, quand un acte qu'on viendra à produire contre eux anéantira tous leurs droits dont ils se croyaient très-sûrs.

« Ce que Secundus cède à Tertius, disent MM. Rivierre et Huguet, ce n'est pas le droit de propriété immobilière, c'est un simple droit qui, par suite de la réalisation de la condition, pourra bien se convertir en un droit de propriété immobilière, mais, enfin, qui n'a pas cette nature au moment du contrat, au moment de la transmission. D'un autre côté, ce droit, quoiqu'il soit immobilier, n'est pas susceptible d'hypothèque. Sans doute Tertius, après avoir acquis, pourrait bien consentir une hypothèque sur l'immeuble, laquelle serait irrévocablement assise si la condition arrivait : mais il ne pourrait pas hypothéquer le droit conditionnel qui lui est cédé. Cette doctrine est assez généralement admise. Or, si ce qui est transmis par Secundus à Tertius n'est ni le droit de propriété immobilière ni un droit qui puisse être grevé d'hypothèques, la transcription n'est pas exigée, car ce sont seulement les actes translatifs de propriété immobilière ou de droits susceptibles d'hypothèque que la loi soumet à la transcription. »

M. Mourlon nie que la vente conditionnelle ne transfère à l'acheteur qu'un droit innommé, qui n'est ni le droit de propriété, ni même un droit réel susceptible d'hypothèque. Il n'admet pas la distinction faite entre le droit acquis sur l'immeuble et l'immeuble lui-même. « C'est, dit-il, tenter l'impossible que de vouloir hypothéquer un immeuble sans hypothéquer en même temps le droit qu'on a sur lui, ou prétendre hypothéquer son droit sans affecter l'immeuble sur lequel il porte. Il n'y a et il ne peut y avoir aucune différence entre la convention par laquelle on déclare hypothéquer un tel bien et celle par laquelle on hypothèque le droit de propriété qu'on a sur ce bien. Une variante existe dans les mots, mais le fond des choses est le même. Dans tous les cas, ce qu'on hypothèque c'est le droit de propriété qu'on a sur l'immeuble, ou, ce qui revient au même, cet immeuble, en vertu du droit que l'on a sur lui et dans la mesure de ce droit. Ainsi, de même que le propriétaire pur et simple d'un immeuble peut le grever d'une hypothèque définitive, de même le propriétaire conditionnel peut l'hypothéquer conformément à la nature et dans la limite de son droit. »

Si donc on admet avec M. Mourlon que la propriété conditionnelle ne peut, à l'égard des tiers, passer d'une personne à l'autre que par la transcription de l'acte qui opère cett mutation, on décidera aussi que, quand quelqu'un investi du droit de faire annuler ou rescinder une aliénation précédemment effectuée, le cède à une autre personne, cette cession, si elle n'a été transcrite, est inexistante à l'égard des tiers; car le vendeur qui a le droit de faire rescinder ou annuler cette vente est, sous la condition de l'annulation ou de la rescision, propriétaire de l'immeuble qu'elle a pour objet. MM. Rivierre et Huguet objectent que si le vendeur qui a une action en nullité ou rescision peut éventuellement hypothéquer l'immeuble, il ne s'ensuit pas que l'action soit elle-même susceptible d'hypothèque. Or, ce qui est cédé dans l'espèce, ce n'est point l'immeuble, c'est l'action. Cette objection est fondée sur la distinction que M. Mourlon a combattue plus haut.

Le vendeur à réméré est propriétaire conditionnel du bien qu'il a vendu, il peut donc valablement, même *pendente conditione*, soit l'hypothéquer, soit l'aliéner, mais sous la condition de l'exercice du réméré. Dès lors il importe que les tiers appelés à se mettre en rapport d'affaires avec lui, puissent savoir s'il a encore la faculté de disposer conditionnellement de l'immeuble. La cession qu'il en fera devra donc être transcrite.

Le vendeur non payé peut faire résoudre son contrat et reprendre ainsi son immeuble, qui alors est réputé n'avoir jamais cessé d'être à lui. Il est donc propriétaire de l'immeuble sous la condition suspensive de la résolution de la vente. S'il céde son droit, cette cession, qui opère une mutation de propriété conditionnelle, sera-t-elle transcrite? M. Mourlon se prononce pour la négative. C'est abandonner le principe qu'il enseignait tout à l'heure.

Quand un vendeur non payé, dit-il, cède ses droits à un tiers, la créance du prix forme l'objet direct et principal de la cession, et l'action résolutoire n'en est que l'accessoire. Or, la cession de la créance a sa publicité propre, qui est réglée par l'art. 1690 du Code Napoléon. Quand les formalités de cet article ont été remplies, la cession étant réputée connue des tiers, le cessionnaire est saisi de la créance tant dans ses rapports avec eux qu'au regard des tiers. Il serait alors singulier que le cessionnaire, bien qu'investi du droit principal qui lui a été cédé, n'eût point également le droit compris dans la cession. Si donc les tiers sont réputés connaître la cession, quand les formalités de l'art. 1690 ont été remplies, il est clair qu'ils doivent être par là-même réputés la connaître dans toutes ses parties.

Les partages transforment la propriété en la rendant individuelle de commune et d'indivisible qu'elle était, et ils investissent les parties de droits et actions qu'elles n'auraient pu réclamer auparavant. Mais comme ils n'opèrent, d'après la loi, aucun transport de propriété, ils ne sont pas soumis à la transcription. La loi, a-t-on dit, ne soumet pas à la transcription les actes déclaratifs de propriété, ensuite la transcription n'aurait aucune utilité à l'égard des créanciers de la succession, qui peuvent conserver leurs droits, nonobstant tout partage. L'intérêt ne peut exister qu'à l'égard des créanciers des héritiers; or, ces créanciers ont dans les mains un droit équivalent à celui qu'ils puiseraient dans la nécessité de la transcription : ce droit résulte de l'art. 882 du Code, il consiste dans la faculté de faire opposition au partage.

II. On doit transcrire «tout acte portant renonciation

à ces mêmes droits.» Par renonciation, on doit entendre ici et les renonciations à titre gratuit et les renonciations à titre onéreux. M. Duclos demandait si les actes de renonciation à succession devaient être transcrits. On ne répondit pas à sa question. Je crois qu'ils ne doivent pas l'être, car l'héritier qui renonce est censé n'avoir jamais été héritier (Code Nap., art. 785). La renonciation à la communauté ne doit pas être non plus transcrite, car le mari conserve les biens *jure non decrescendi*. Ces renonciations se font du reste au greffe. Mais si un héritier renonce même gratuitement au profit d'un ou de quelques-uns de ses cohéritiers, ou s'il renonce au profit de tous en recevant un prix, ces renonciations devront être transcrites, car la première de ces renonciations est une donation, la deuxième est une vente.

Quand une transaction résout, annule ou rescinde un droit, il y a renonciation, et dès lors il doit y avoir transcription.

III. Peut-être eût-on dû soumettre les jugements à la transcription, car le droit ayant été incertain dans l'origine, puisqu'il a fallu le fixer, il n'eût pas été inutile de faire connaître la décision qui proclame la vérité. Mais, comme ils sont déclaratifs et non pas translatifs ou constitutifs de propriété, ils ne devront pas être transcrits.

Mais quand le jugement déclare l'existence d'une convention qui, si elle eût été écrite, eût été soumise à la formalité, il doit être transcrit.

Il sera également transcrit quand il interviendra sur des titres sujets à transcription, mais non encore transcrits.

Un usufruitier peut perdre son droit par un non-usage continué pendant trente ans ou même par une inaction moins longue, au cas où l'immeuble grevé passe dans le domaine d'un tiers par l'effet d'une prescription de dix à vingt ans. Si cette extinction donne lieu à un procès, le jugement devra-t-il être transcrit? Je le pense. L'extinction de l'usufruit par le non-usage ou par l'effet d'une prescription a son fondement dans une renonciation présumée. Or, si tout jugement qui déclare l'existence d'une renonciation à un droit d'usufruit doit être transcrit, pourquoi n'en serait-il pas de même du jugement qui déclare l'existence d'une renonciation tacite?

IV. Les jugements d'adjudication doivent être transcrits.

Le but de la loi est d'exiger la transcription toutes les fois qu'il y a translation de la propriété. Mais dans certains cas le jugement d'adjudication n'est pas translatif de la propriété, et à l'inverse le jugement peut être translatif sans être d'adjudication. Ainsi un immeuble est saisi par les créanciers hypothécaires entre les mains d'un tiers acquéreur et mis aux enchères sur leur poursuite. Un tiers autre que le détenteur s'en porte adjudicataire; il y a alors translation de la propriété et il y a lieu à transcription. Mais si, au contraire, c'est le propriétaire actuel, le détenteur de l'immeuble, qui en devient adjudicataire, il n'y a pas translation de la propriété, il n'y a que confirmation. Ce jugement sera-t-il soumis à la transcription ou bien en sera-t-il dispensé, conformément à l'art. 2189 du Code Napoléon?

Les jugements d'expropriation pour cause d'utilité publique sont translatifs de propriété, mais ils ne sont pas d'adjudication: seront-ils transcrits?

Le jugement d'adjudication rendu sur licitation, au profit d'un cohéritier ou copartageant, ayant l'effet du partage et n'étant que déclaratif, n'est pas soumis à la transcription.

La loi de brumaire ne soumettait à la transcription que les actes translatifs de biens ou de droits susceptibles d'hypothèque. Pour révéler d'une manière utile l'état de la propriété, la nouvelle loi y assujettit encore certaines charges qui en altèrent sensiblement la valeur.

« Sont également transcrits :

« 1° Tout acte constitutif d'antichrèse, de servitude, d'usage, d'habitation.

« 2° Tout acte portant renonciation à ces mêmes droits.

« 3° Tout jugement qui en déclare l'existence, en vertu d'une convention verbale.

« 4° Les baux d'une durée de plus de dix-huit ans.

« 5° Tout acte ou jugement constatant, même pour bail de moindre durée, quittance ou cession d'une somme équivalente à trois années de loyers ou fermages non échus (art. 2). »

La publication des donations est réglée exclusivement par le Code (art. 11). Or, d'après le Code, les donations de propriété ou de droits susceptibles d'hypothèque sont seules transcrites : Les donations de servitude, d'usage, etc., ne seront donc pas soumises à la transcription, c'est une lacune dans la loi.

Quand un acte, qui doit être transcrit, a été passé en vertu d'une procuration, la transcription de la procuration n'est pas nécessaire pour valider la transcription de cet acte. (Merlin, v° *Transcription*.)

Les actes sous seing privé, comme les actes authentiques, sont soumis à la transcription. On avait proposé de ne transcrire que les actes authentiques. Les actes sous seing privé, disait-on, sont souvent incomplets et n'expriment que d'une manière infidèle les intentions des parties. La transcription qu'on en fait leur donne une apparence de valeur qui fait illusion sur les irrégularités et les nullités qu'ils renferment. D'un autre côté, l'original de l'acte sous seing privé peut être perdu ou altéré, la transcription opérée par une des parties ne fait pas foi contre l'autre, les tiers ne peuvent pas non plus l'invoquer comme preuve absolue en l'absence du titre original. Enfin, on peut faire transcrire un acte faux : dans tous ces cas, la transcription, au lieu d'être une garantie, devient un péril.

On proposa ensuite de déposer l'acte sous seing privé dans l'étude d'un notaire préalablement à sa transcription. Mais un acte irrégulier, faux ou altéré, serait aussi facilement déposé dans l'étude du notaire que transcrit au bureau des hypothèques.

Si le notaire doit recevoir l'acte sans l'examiner à titre de dépôt, ce n'est plus alors une garantie suffisante, c'est une précaution qui ne garantit les tiers que contre le cas de perte et de destruction de l'acte, et qu'ils peuvent prendre eux-mêmes sans l'intervention de la loi.

Mais si, au contraire, le notaire doit examiner et rectifier l'acte qu'on lui dépose, c'est à peu près exiger que l'acte sous seing privé soit converti en acte authentique. Mais, pour arriver à ce résultat, le concours de toutes les parties qui ont figuré dans l'acte devient nécessaire. La partie intéressée à la transcription aura besoin du consentement de l'autre partie, qui peut n'y pas avoir d'intérêt ou y avoir un intérêt contraire. L'une d'elles sera donc à la merci d'un indifférent ou d'un adversaire. Ce serait la prohibition de l'acte sous seing privé.

Mais, comme le but de la loi est qu'aucun acte ne puisse être opposé aux tiers s'ils n'ont pu le connaître, et qu'on atteint ce but aussi bien par la transcription des actes sous seing privé que par celle des actes authentiques, on a décidé que tous deux seraient soumis à la transcription.

La nouvelle loi apporte en outre les modifications suivantes :

I. Quand un acte a été transcrit, les tiers peuvent penser que les droits de propriété et autres mentionnés dans ledit acte sont consolidés entre les mains de celui qui les a acquis ; mais des jugements peuvent prononcer la résolution, nullité ou rescision de cet acte transcrit : il importait dès lors que les tiers fussent informés du changement opéré dans ces droits.

Si l'acte n'a pas été transcrit, les tiers n'ont pas dû compter sur une transmission régulière, et dès lors il n'était plus nécessaire d'indiquer qu'un jugement en avait prononcé la résolution, nullité ou rescision.

« Tout jugement prononçant la résolution, nullité ou rescision d'un acte transcrit doit dans le mois, à dater du jour où il a acquis l'autorité de la chose jugée, être mentionné en marge de la transcription faite sur le registre.

« L'avoué qui a obtenu ce jugement est tenu, sous

peine de 100 francs d'amende, de faire opérer cette mention, en remettant un bordereau rédigé et signé par lui au conservateur, qui en donne récépissé (art. 4). »

Quel est le sens du mot nullité? Si on l'entend d'après la terminologie habituelle du Code, il signifiera l'annulation d'un contrat qui existait, quoique imparfait, mais qui a été annulé à raison d'un vice dont il était entaché. Il aurait alors le même sens que le mot rescision, près duquel il se trouve d'habitude placé dans le Code comme dans l'art. 1304 du Code Napoléon. Ce ne serait que l'annulation d'un contrat annulable. L'article ne s'appliquerait pas alors aux jugements qui constatent l'inexistence d'un contrat nul, par exemple au jugement qui annulerait une convention dans laquelle le consentement manquerait entièrement. Une telle convention ne serait pas seulement vicieuse, annulable, elle serait nulle et inexistante, et n'aurait jamais existé. Mais je crois que ce mot doit être entendu dans son sens le plus large, car il n'y a dans le langage du Droit aucune autre expression que le mot nullité pour exprimer l'inexistence d'un contrat nul.

La loi nouvelle ne déroge pas aux dispositions du Code Napoléon relatives à la transcription des donations (art. 11). Or, le Code n'exige point que les jugements qui résolvent, annulent ou rescindent une donation, soient portés à la connaissance du tiers, ces jugements ne seront donc pas régis par l'art. 4. Cependant, peut-être pourrait-on dire que l'art. 11 de la loi ne renvoie au Code qu'en ce qui concerne la transcription des actes de donation, et qu'ici il s'agit de la publicité d'un autre acte. La nouvelle loi ne change rien à ce qui a été spécialement réglé par le Code, relativement à la publicité des donations, mais les actes sur lesquels il n'existait dans le Code aucun règlement particulier seront soumis au régime nouveau. Ainsi les jugements portant révocation d'une donation, pour cause d'inexécution des charges ou pour cause de survenance d'enfants, seraient mentionnés en marge de la transcription de la donation révoquée. L'art. 958 continuera à régir la révocation de donation pour cause d'ingratitude.

La mention doit avoir lieu dans le mois à partir du jour où le jugement a acquis l'autorité de la chose jugée. Or, un jugement a acquis l'autorité de la chose jugée, quand il n'est point ou n'est plus susceptible d'opposition ou d'appel. La mention devra donc être faite dans le mois à partir du jour où le jugement a été rendu, s'il est contradictoire et en dernier ressort, et dans le mois à partir de l'expiration des délais d'opposition ou d'appel, s'il est par défaut ou en premier ressort.

Comme la publicité qui interviendra après que les jugements seront rendus, arrivera souvent trop tard, M. Mourlon dit qu'on eût dû exiger que les demandes en résolution, nullité ou rescision, fussent mentionnées en marge de la transcription de titre concernant le droit litigieux, sauf à faire plus tard, à côté de cette mention, une inscription du jugement de confirmation, quand la demande eût été accueillie, et en ordonner la radiation dans l'hypothèse contraire.

Dans le cas où la résolution, nullité, rescision, a été admise en première instance et confirmée en appel, comme dans celui où la résolution, nullité ou rescision a été écartée en première instance et admise en appel, c'est l'arrêt de la Cour d'appel qui doit être mentionné.

Le propriétaire dépossédé est en faute, puisqu'il a été

condamné ; c'est dès lors à lui à payer les frais de la mention, c'est une conséquence du jugement.

Un jugement portant résolution, nullité, rescision d'un acte transcrit, après avoir été rendu public, conformément à l'art. 4, peut être rétracté ou annulé à la suite d'un recours extraordinaire. Le jugement de rétractation ou l'arrêt de cessation devront donc à leur tour être mentionnés en marge de la transcription de l'acte résolu, annulé ou rescindé par le premier jugement. Mais cette formalité doit être accomplie non par la partie qui a obtenu le jugement, mais par son avoué. Or, en cassation il n'y a que des avocats ; il y a une amende de 100 francs contre l'avoué qui ne remplit pas la formalité, et on ne peut appliqner, par analogie, une peine d'une personne à une autre. Qui donc remplira cette formalité? Pour le jugement de rétractation sur requête civile, la formalité sera possible, car il y aura un avoué pour la remplir.

Le jugement qui déclare l'usufruitier déchu de son droit pour abus de jouissance, sera-t-il régi par l'art. 4? Je le crois. L'usufruitier n'a été investi de son droit qu'à la charge d'en jouir en bon père de famille. Il était tacitement entendu que ce droit serait révoqué ou résolu, si l'obligation qu'il entraînait restait inexécutée. Le jugement qui le lui enlève est donc véritablement un jugement de résolution. Cependant, d'après quelques auteurs, la déchéance de l'usufruit en cas d'abus de jouissance est regardée non pas comme la conséquence d'une condition résolutoire réalisée, mais comme une peine infligée à l'usufruitier à raison de sa faute. D'après cette dernière opinion, le jugement ne serait pas régi par l'art. 4.

La loi ne dit pas que les aliénations et affectations hypothécaires, consenties par le propriétaire dépossédé, après le jugement de résolution, nullité ou rescision seront anéanties, alors même que ce jugement n'eût pas été mentionné. Cela était inutile. Le jugement prononçant la résolution, nullité ou rescision d'un acte transcrit, est déclaratif d'un droit préexistant, il n'y a point de mutation proprement dite. Le propriétaire ne peut avoir après la renonciation, nullité ou rescision prononcée, moins de droits qu'auparavant. Or, avant le jugement, il avait toujours le bénéfice de la maxime : *resoluto jure dantis, resolvitur jus accipientis,* contre tous ceux qui tenaient ou tiendraient leurs droits de celui contre lequel il a fait prononcer la résolution , nullité ou rescision.

La partie qui a obtenu le jugement peut sans doute le faire mentionner, mais elle n'y est pas tenue; l'avoué seul est obligé. Les art. 1 et 2 indiquent les actes qui doivent être transcrits, cette transcription doit être requise par les parties, la sanction en est écrite dans l'art. 3, qui dit que les actes non transcrits ne sont pas opposables aux tiers. Le cas de l'art. 4 est spécial. La formalité qu'il exige est imposée à l'avoué sous peine d'amende; dès lors en vertu de quelle disposition rendrait-on la partie responsable de l'inexécution d'une obligation qui n'est pas la sienne? D'ailleurs quelle peine lui infliger en cas d'inexécution? celle de l'art. 4? mais elle ne regarde que l'avoué! celle de l'art. 3, mais d'abord elle serait injuste, je l'ai montré plus haut, ensuite cette disposition ne concerne que les actes énumérés par les art. 1 et 2.

Écoutons l'exposé des motifs. « La mention imposée

par l'art. 4 est un avertissement utile à donner aux tiers que la transcription d'un acte pourrait tromper sur son existence apparente. Cependant, comme aucun péril ne menace le bénéficiaire du jugement, il fallait assurer l'exécution de la mesure par une pénalité contre l'officier ministériel qui négligerait de donner cette publicité, d'autant plus nécessaire qu'elle doit détruire et effacer une publicité contraire précédemment donnée.» Je crois que c'est ici le cas d'adresser des reproches au législateur. La nouvelle loi, dit-il, a pour but de faire cesser les piéges où la propriété immobilière et le gage hypothécaire venaient si souvent périr. Il reconnaît lui-même d'abord qu'il serait dangereux que les tiers ignorassent le jugement de résolution, nullité ou rescision, il prescrit une formalité qui doit porter ce jugement à leur connaissance; puis, comme s'il oubliait ce qu'il a dit un instant auparavant, au lieu de chercher à assurer d'une manière efficace l'exécution de cette formalité, il se contente d'en charger l'avoué sous peine de 100 francs d'amende (bien faible sanction); car, dit-il, aucun péril ne menace le bénéficiaire du jugement. Mais si les tiers éprouvent quelque préjudice, par suite de l'ignorance dans laquelle l'avoué les a laissés en ne mentionnant pas, sa responsabilité sera-t-elle engagée envers eux? devra-t-il les en indemniser? La loi n'a pas réservé contre lui l'action en dommages-intérêts, comme elle l'a fait dans plusieurs autres dispositions analogues de notre législation, notamment, comme dans l'art. 2108, contre le conservateur des hypothèques. Dès lors on ne peut infliger à l'avoué la peine d'une responsabilité qui n'est écrite nulle part. Ainsi quelqu'un, sous l'empire d'une violence à laquelle il n'a

pu résister, vend un immeuble. L'acquéreur fait transcrire. Plus tard, le vendeur obtient l'annulation de la
vente. Si son avoué mentionne ce jugement d'annulation, informés que l'acquéreur n'est plus propriétaire
de cet immeuble, les tiers ne traiteront pas avec lui ;
mais si l'avoué n'a pas fait mentionner le jugement, rien
n'apprendra aux tiers que le titre de l'acquéreur n'est
qu'apparent ; ils achèteront cet immeuble ou le rece-
vront à titre d'hypothèque. Leur erreur invincible ne
les mettra pas à l'abri de l'éviction du véritable propriétaire : et si l'acquéreur est insolvable, ils perdront leur
prix d'acquisition ou l'argent qu'ils auront prêté.

Si l'avoué, étant encore dans le délai de la loi, meurt
sans avoir accompli la formalité, le bénéficiaire du
jugement doit-il le remplacer ? Non, évidemment. Ce
n'est pas dans son intérêt que la mention est exigée ; il
peut invoquer le jugement contre les tiers, alors même
qu'il n'a reçu aucune publicité. Le décès de l'avoué ne
peut avoir pour effet de le charger d'une formalité qui
ne le regarde pas. Le successeur de l'avoué décédé n'en
sera pas chargé non plus. Car il n'est écrit nulle part
que, quand un avoué meurt, son successeur soit tenu
de ses obligations. Ensuite, dans quel délai devrait-il
accomplir la formalité ? lui accorderait-on un mois à
partir de sa nomination, ou bien ne lui accorderait-on
à partir de ce moment que ce qui restait à courir du
mois quand l'avoué prédécesseur est mort ?

Dans le cas de destitution, l'avoué ne sera pas passible de l'amende pour n'avoir pas mentionné, s'il était
encore dans les délais de la loi au moment où on lui
a notifié sa destitution.

Enfin, l'avoué qui cède sa charge à un successeur sera

passible de l'amende, s'il n'a pas rempli la formalité, alors même qu'il était encore dans les délais de la loi, car il dépendait de sa volonté seule d'exécuter son obligation.

II. D'après le Code Napoléon, l'hypothèque légale du mineur, de la femme mariée et de l'interdit se prolongeait et était dispensée d'inscription, même au delà de l'incapacité de ces personnes. On n'était pas d'accord sur la durée légale de ces hypothèques occultes, depuis la fin de la tutelle ou de l'interdiction, et la dissolution du mariage dans le cas où les formalités de la purge n'avaient pas été remplies et où l'hypothèque n'avait point été éteinte par quelque autre cause. Certains auteurs prétendaient que ces hypothèques duraient dix ans après les incapacités, sans préjudice des inscriptions prises dans ces dix ans, et renouvelées en temps utile.

D'autres soutenaient que la dispense d'inscription était inhérente à la qualité de la créance, et durait autant que l'hypothèque elle-même; c'est dans ce sens que la jurisprudence se prononçait. Cette trop longue durée des hypothèques occultes était un embarras pour les prêteurs et les acquéreurs.

L'hypothèque légale doit être maintenue tant qu'existe sa raison d'être. Tant que la femme est sous la dépendance du mari, tant que le mineur et l'interdit sont sous l'autorité du tuteur, la loi doit les protéger; mais quand la capacité d'action sera venue à l'un et à l'autre, la loi n'a plus à les dispenser de faire connaître leurs droits hypothécaires, ils doivent, comme tous les autres, les inscrire pour les conserver.

«Si la veuve, le mineur devenu majeur, l'interdit relevé de l'interdiction, leurs héritiers ou ayants cause, n'ont pas pris inscription dans l'année qui suit la dissolution du mariage ou la cessation de la tutelle, leur hypothèque ne date, à l'égard des tiers, que du jour des inscriptions prises ultérieurement (art. 8).»

L'article s'applique d'abord au cas où la tutelle prend fin par la majorité du mineur. Si elle finit par le décès du tuteur, l'état de minorité subsistant encore, la dispense d'inscription continuera. Si la tutelle finit par le décès du mineur, ses héritiers devront prendre inscription dans l'année de sa mort, pour conserver l'hypothèque légale qu'il leur aura transmise. Ce serait abuser des mots et méconnaître l'esprit de la loi que de prétendre qu'on doit en suivre le sens grammatical, qui désigne seulement les héritiers du mineur *devenu majeur*, et que, par conséquent, les héritiers sont dispensés d'inscrire quand le mineur est décédé en état de minorité; il est évident que la loi n'a pas entendu dispenser de cette formalité des héritiers majeurs, capables de surveiller leurs droits.

Quoique le mineur émancipé ait une plus grande capacité que le mineur en tutelle, la loi lui continue sa protection, il ne sera astreint à l'inscription que quand il sera majeur.

La séparation de corps et de bien, ne dissolvant pas le mariage, n'entraîne pas non plus la nécessité de l'inscription.

III. La femme peut céder son hypothèque légale à un tiers ou y renoncer en sa faveur, quand elle n'est pas mariée sous le régime dotal.

Ces cessions ou renonciations sous l'empire du Code étaient dispensées d'inscription comme l'hypothèque de la femme. Si plusieurs créanciers avaient été successivement subrogés à la même hypothèque légale par la femme, ils étaient colloqués suivant la date de leurs actes de subrogation. Pouvant ignorer les subrogations déjà consenties, ils étaient exposés à voir disparaître le gage sur lequel ils avaient compté. La femme pouvait ainsi céder ses droits à plusieurs créanciers et, à l'exception du subrogé le plus ancien, les tromper tous. Voici ce que disait à ce sujet la faculté de Droit de Strasbourg, lors de l'enquête de 1841.

« En rendant l'efficacité des subrogations consenties par la femme indépendante de toute inscription ou mention sur les registres hypothécaires, et en réglant la préférence entre divers créanciers subrogés par la seule date de leurs actes de subrogation et sans égard au rang de leurs hypothèques, on expose les tiers à des déceptions inévitables. En effet, rien n'empêche qu'une femme qui aura déjà absorbé son hypothèque légale par des subrogations occultes ne puisse se procurer encore du crédit en offrant à d'autres capitalistes de les associer au bénéfice de cette hypothèque. Aussi arrive-t-il tous les jours que les créanciers qui croyaient avoir obtenu une sûreté complète par la subrogation à l'hypothèque de la femme, voient cette garantie s'évanouir devant les subrogations antérieures. »

Cette fraude ne sera plus possible d'après la nouvelle loi. « Dans le cas où les femmes peuvent céder leur hypothèque légale ou y renoncer, cette cession ou cette renonciation doit être faite par acte authentique, et les cessionnaires n'en sont saisis, à l'égard des tiers, que par l'inscription de cette hypothèque prise à leur profit, ou par la mention de la subrogation en marge de l'inscription préexistante. Les dates des inscriptions ou mentions déterminent l'ordre dans lequel ceux qui ont obtenu des cessions ou renonciations exercent les droits hypothécaires de la femme (art. 9). »

La dispense d'inscription étant un privilége attaché non à la nature de la créance, mais à la personne de l'incapable, quand l'hypothèque passe dans la main d'un tiers qui n'est protégé par aucune des considérations qui protégent la femme, la dispense d'inscription doit cesser.

Sous l'empire du Code, quelques auteurs prétendaient que la femme ne pouvait céder son hypothèque sans céder en même temps sa créance; d'autres auteurs et la jurisprudence soutenaient que les droits d'hypothèque pouvaient être cédés indépendamment du transport des créances auxquelles ils étaient attachés. Mais la première opinion ne peut plus se soutenir en présence de la nouvelle loi. L'hypothèque peut donc être cédée principalement, c'est-à-dire abstraction faite de la créance dont elle est l'accessoire.

Un autre point sur lequel on n'était pas d'accord était de savoir si, quand la femme renonçait à son hypothèque légale, cette hypothèque passait ou non de sa personne dans la personne du créancier dans l'intérêt duquel la renonciation avait eu lieu. Suivant l'opinion la plus générale, la renonciation était de même nature que la cession, et il n'y avait aucune différence entre l'acte par lequel la femme cède son hypothèque et celui par lequel elle y renonce. Ainsi, dans le cas d'une renonciation faite par la femme au profit d'un créancier chirographaire de son mari, ce créancier devenait créancier hypothécaire, tandis que la femme rentrait dans la classe des créanciers ordinaires. Au lieu de concourir entre eux comme deux créanciers chirogra phaires, la femme était primée par le créancier qu'elle était censée avoir subrogé à son droit. Cette doctrine n'était pas admise par tous les auteurs, mais, en présence de la nouvelle loi, la controverse n'est plus possible. L'acte par lequel la femme cède son hypothèque et celui par lequel elle y renonce doivent être assimilés, c'est-à-dire considérés comme équivalant l'un à l'autre. La loi n'établit aucune différence entre eux, elle les soumet au même régime et les comprend tous deux sous le titre commun de subrogation. Or, dans l'usage, la subrogation à l'hypothèque de la femme s'entend de tout acte par lequel la femme met un tiers en son lieu et place pour exercer son droit comme elle aurait pu le faire elle-même.

Cependant, si la femme a stipulé expressément que l'hypothèque à laquelle elle renonce ne passera pas en la personne du créancier dans l'intérêt duquel la renonciation a eu lieu, cette clause devra être respectée. Si donc la renonciation a été faite en faveur d'un créancier chirographaire du mari, ce créancier concourait avec la femme, au lieu de l'exclure. Quoique cet acte ne produise pas tous les résultats de la subrogation, comme il en produit une partie, il sera soumis au même régime. Ainsi il devra être en forme authentique et devra être rendu public.

Il y aura donc subrogation à l'hypothèque légale, quand la femme cédera son hypothèque à un créancier, y renoncera en sa faveur ou la subrogera dans tous ses droits et actions contre son mari.

Quelques auteurs prétendent que la femme qui se porte caution de son mari ou qui s'engage solidaire-

ment avec lui, n'est point pour cela réputée avoir re-
noncé à son hypothèque dans l'intérêt du créancier
envers lequel elle s'est obligée. Mais cette opinion n'a
que très-peu de partisans. Suivant l'opinion commune,
au contraire, et d'après la jurisprudence à peu près
universelle, il y a dans ce cas renonciation tacite de la
part de la femme à son droit d'hypothèque.

La cession de la créance hypothécaire doit être soumise aux mêmes règles que la cession de l'hypothèque,
car, quand il y a cession de créance hypothécaire, il y a
en même temps cession d'hypothèque.

Époque et mode de la transcription.

I. On avait parlé de fixer un délai pour la transcription, de telle sorte qu'étant accomplie pendant ce délai, elle produise un effet rétroactif à la date de l'acte translatif de propriété. Mais cette proposition fut repoussée. La loi de brumaire n'accordait aucun délai, la nouvelle loi l'a imitée.

« Jusqu'à la transcription, les droits résultant des actes et jugements énoncés aux articles précédents, ne peuvent être opposés aux tiers qui ont des droits sur l'immeuble et qui les ont conservés en se conformant aux lois.

« Les baux qui n'ont pas été transcrits ne peuvent jamais leur être opposés pour une durée de plus de dix-huit ans (art. 3). »

Ainsi la translation de la propriété et des autres droits, parfaite entre les parties par leur seul consentement, n'existera pas à l'égard des tiers tant que la transcription n'aura pas eu lieu. La loi s'en rapporte à la diligence des acquéreurs. La transcription seule arrêtera le droit de disposer de l'immeuble. Sa date déterminera la priorité des acquisitions comme sous l'empire du Code, c'est la date de l'inscription qui seule fixe l'ordre de préférence. S'il a été fait par le même propriétaire plusieurs aliénations du même immeuble ou des mêmes droits, celui qui aura transcrit le premier excluera tous les autres. La prééminence d'un acquéreur sur l'autre sera le prix de la course. Cet article a rencontré une opposition très-vive.

M. Millet est le premier qui l'ait combattu. Il ne trouve pas mauvais que la publicité la plus étendue existe pour la transmission de la propriété; mais il prétend que l'art. 4 va porter une grave atteinte à notre législation. « Tandis, dit-il, que la législation actuelle sauvegarde tous les droits acquis, respecte tous les intérêts justes et raisonnables, les effets du nouveau système sont tout autres. Ainsi, la vente parfaite entre le vendeur et l'acquéreur est nulle par rapport aux tiers, attendu que c'est la transcription seule qui paralyse le droit de disposer de l'immeuble, et alors voici les conséquences : Le vendeur qui a déjà vendu, peut vendre une deuxième, une troisième, une quatrième fois, et de ces ventes successives, la première transcrite est la seule ayant effet. Le vendeur peut créer des servitudes, constituer des antichrèses, etc., et si les tiers investis de ces droits ont envoyé leurs titres au bureau des hypothèques, ce sont de nouvelles charges que devra subir l'acquéreur qui n'aura pas été vigilant. De même, le vendeur dépossédé pourra consentir de longs baux, se faire payer plusieurs années de fermage par avance, et si l'acquéreur ne s'est point hâté de faire transcrire, il sera encore victime de ces conventions. Si le vendeur est assigné par un tiers en délaissement, le jugement prononçant le déssaisissement aura force de chose jugée contre l'acquéreur non mis en cause, et celui-ci n'aura pas même la voie de la tierce opposition, si cette décision a été transcrite avant la transcription de la vente. » L'orateur indique des moyens qui pourraient assurer d'une manière efficace l'exécution des art. 1 et

2, sans bouleverser les principes du Code. Pour les actes notariés, il suffirait d'obliger les notaires à les faire transcrire sous peine d'amende, comme l'art. 68 du Code de commerce les astreint déjà à une formalité semblable pour les contrats de mariage des négociants. Le notaire ferait alors transcrire comme il fait enregistrer. Un autre moyen serait aussi de charger le receveur de l'enregistrement de retenir copie de l'acte qu'il enregistre, et de la transmettre au bureau de la conservation des hypothèques. Pour les actes sous seing privé, qui ne valent vis-à-vis des tiers que quand ils ont date certaine, et qui ne peuvent être produits en justice que lorsqu'ils ont été enregistrés; il suffirait de décider que les transmissions de propriété ne pourront être opposées aux tiers que du jour de leur enregistrement, et de soumettre celui qui veut s'en prévaloir à l'obligation de faire transcrire dans la quinzaine de l'enregistrement, sous peine de 100 francs d'amende. On arriverait ainsi, dit-il en terminant, à réaliser l'amélioration que l'on désire sans adopter une disposition qui donne ouverture à la mauvaise foi.

Par droits que des tiers ont acquis sur l'immeuble et qu'ils ont conservés en se conformant aux lois, il faut entendre tous les droits acquis avant la transcription, c'est-à-dire et les droits acquis avant l'aliénation et ceux qui ont été acquis dans l'intervalle de l'aliénation à la transcription. Les termes de la loi sont absolus. Ensuite c'est ce que répondit M. Rouher à une objection de M. Duclos qui ne trouvait pas ces expressions assez explicites.

Voyons différents cas.

Pierre vend un immeuble à Paul. Paul ne fait pas

transcrire. Pierre vend une deuxième fois cet immeuble à Jacques; de son côté, Paul vend cet immeuble à Jean. Qui de Jacques ou de Jean l'emportera? Si Jacques a transcrit le premier, il est propriétaire, il n'a rien à redouter de personne, puisque, quand il a transcrit, aucune transcription ne pouvait lui faire obstacle. Si c'est Jean, au contraire, qui s'est mis en règle le premier, s'il a fait transcrire le titre de son vendeur en même temps que le sien, il l'emportera. Mais si Jean n'a fait transcrire que son premier contrat, sera-t-il préféré à Jacques? D'après les principes élémentaires du Droit, on pourrait soutenir que c'est Jean qui doit être évincé. Jean est l'ayant cause de Paul son vendeur, il n'a pas plus de droits que celui-ci. Paul n'ayant pas fait transcrire, n'était propriétaire que vis-à-vis de Pierre le vendeur, mais il ne l'était pas au regard des tiers, dès lors il n'a pu lui transmettre qu'une propriété relative. Si Pierre eût vendu à un tiers qui eût fait transcrire, Paul n'aurait eu qu'une action personnelle contre Pierre. La transcription rend l'acte public et, par suite, opposable aux tiers, mais elle ne le purge pas de ses vices, et ne peut avoir pour effet d'investir l'acheteur d'un droit que son vendeur n'avait pas. La vente que Paul a consentie à Jean était viciée dans le principe comme émanant d'une personne n'ayant pas qualité pour le rendre propriétaire à l'égard des tiers, la publicité qu'elle a reçue n'en a pas fait une autre vente, elle est viciée et imparfaite comme avant : en d'autres termes, si Jacques luttait contre Paul avec un acte transcrit, il pourrait l'évincer, donc il pourra évincer son ayant cause Jean.

Cependant Jean l'emportera, c'est à la priorité de

la transcription qu'il faudra s'attacher. Jean a transcrit le premier, Jean l'emportera. «La preuve, dit M. Mourlon, s'en trouve dans les art. 7 et 8. Soit une vente consentie depuis plus de quarante-cinq jours et non transcrite, le vendeur n'a point inscrit son privilége. L'acheteur revend, le deuxième acheteur fait transcrire. Par cette transcription, le privilége et l'action résolutoire du vendeur originaire s'évanouissent à l'instant. Or, puisque la transcription de la deuxième vente anéantit les droits que le premier vendeur avait conservés sur l'immeuble, mais qu'il avait négligé d'inscrire, elle doit être tout aussi efficace à l'égard des droits acquis du chef de ce même vendeur, mais non encore inscrits ou transcrits quand elle a eu lieu. Du moment, en un mot, que le vendeur originaire peut être dépossédé de ses droits de privilége et d'action résolutoire par la transcription d'un contrat autre que le sien, on ne comprend pas que les droits qu'il a consentis puissent, en présence de cette même transcription, subsister dans la personne de ses ayants cause. Il est vrai que la transcription de la revente ne fait tomber les droits du premier vendeur qu'autant qu'elle a eu lieu plus de quarante-cinq jours après la première vente. Dans le cas contraire, le premier vendeur peut encore, tant qu'il ne s'est pas écoulé quarante-cinq jours, inscrire utilement son privilége, auquel cas son privilége, comme son action résolutoire, est intact. «Mais ce délai constituant une faveur particulière, accordée exceptionnellement au vendeur, il n'est point permis de l'étendre à ses ayants cause pour la conservation des droits qu'ils tenaient de lui. »

Un individu achète de bonne foi *a non domino* un immeuble par un acte qu'il ne transcrit pas. Il pourra se prévaloir de la prescription de dix ou vingt ans, si sa possession a été aux conditions voulues. La loi de 1855 ne doit pas porter atteinte aux principes du Code. La transcription est prescrite à l'égard des tiers, dans le cas où il existe un acte qui est par lui-même translatif de la propriété. Or, ici ce n'est pas le titre qui est translatif, c'est la transcription.

Quelqu'un achète un immeuble du véritable propriétaire par un acte qu'il ne transcrit pas. Il le possède pendant trente ans. Au bout de ce temps le vendeur vend une deuxième fois cet immeuble. Le deuxième acquéreur qui a transcrit peut-il évincer le premier? Non, certainement. Ce n'est pas sur son titre que le premier acquéreur s'appuiera pour repousser le deuxième, mais sur sa possession.

Primus a vendu un immeuble à Secundus, puis à Tertius, qui seul a fait transcrire, mais Secundus possède pendant dix ou vingt ans aux conditions voulues, pourra-t-il opposer l'art. 2265 à Tertius? Non, disent MM. Rivierre et François, Secundus ne peut plus invoquer sa seule possession, et Tertius qui a transcrit doit triompher. «Il serait bien étrange, dit au contraire M. Humbert, que Secundus fût moins favorisé qu'un acquéreur ordinaire *a non domino;* mais bien plus, cela est impossible, car voici le dilemne que Secundus opposerait à la revendication de Tertius: de deux choses l'une, j'ai acquis *a domino* ou *a non domino* à votre égard. Puisque vous revendiquez, vous vous présentez comme propriétaire, vous affirmez avoir acquis *a domino*, donc je puis à votre égard me placer dans la position d'un acquéreur *a non domino*, et invoquer l'art. 2265. Si, au contraire, vous voulez bien admettre ce que la loi dans son art. 3 ne me permet pas de vous objecter, savoir : que j'ai acquis *a domino*, alors comment pouvez-vous revendiquer contre moi ? Vous ne pouvez avoir deux poids et deux mesures. C'est qu'en effet la première supposition est la seule fondée, car à l'égard des tiers la vente transcrite est réputée la première en date; toute autre est donc traitée comme si elle eût été faite *a non domino*. Donc Secundus pourra invoquer la prescription de dix ou vingt ans comme un acquéreur *a non domino*.»

Les baux non transcrits ne peuvent jamais être opposés pour une durée de plus de dix-huit ans aux tiers qui ont des droits sur l'immeuble. Mettons d'abord le preneur en présence d'un acquéreur. Soit un bail de plus de dix-huit ans antérieur à la vente; s'il a été transcrit, soit avant la vente, soit même après, pourvu qu'il l'eût été avant la transcription de la vente, il sera opposable à l'acheteur pour toute sa durée. Mais si ce bail n'a pas été transcrit, ou s'il ne l'a été qu'après la transcription de la vente, l'acquéreur n'est obligé de le supporter que pendant dix-huit ans, qui commencent à courir du jour de la transcription de la vente.

Mais si le bail n'a eu lieu qu'après la vente, il faut distinguer. Si la vente a été transcrite avant que le bail eût été transcrit, le droit du preneur sera nul à l'égard de l'acheteur. Mais si la vente n'a été transcrite qu'après, le bail sera-t-il subi? La vente n'est pas opposable aux tiers qui avant qu'elle eût été transcrite avaient acquis et conservé conformément aux lois des droits sur l'immeuble, mais à l'égard du vendeur et de ceux de ses ayants cause qui n'ont point de droits acquis sur l'immeuble, comme ses créanciers chirographaires, elle produit, quoique non transcrite, tous les effets qui lui sont propres. Or, le preneur a-t-il un droit acquis sur l'immeuble? Son droit est-il réel ou personnel? Si on lui accorde un droit réel, l'acquéreur subira le bail; si le droit n'est que personnel, il ne le subira pas.

Voyons maintenant le preneur en présence d'un créancier hypothécaire.

Si le bail a été passé et transcrit avant l'inscription de l'hypothèque, le créancier le subira pendant toute sa durée. Mais si l'hypothèque a été inscrite avant que le bail eût été transcrit, le créancier hypothécaire pourra limiter, quand il poursuivra la vente, la durée à dix-huit ans. Ces dix-huit ans se compteront à partir du jour de l'adjudication; car c'est à partir de ce jour que le bail peut nuire aux créanciers, en entravant la transformation de l'immeuble en argent.

Si le bail a été passé et transcrit après l'inscription de l'hypothèque, ce cas sera assimilé au cas où le bail a été passé avant, mais transcrit après l'inscription de l'hypothèque; car, pour le créancier qui inscrit son hypothèque, le bail inexistant ou le bail non transcrit sont la même chose.

Sont admis à se prévaloir de l'absence de la transcription les tiers ayant des droits sur l'immeuble, c'est-à-dire :

1° Les tiers acquéreurs ayant transcrit et les créanciers hypothécaires qui ont inscrit;

2° Les donataires qui, ayant reçu un immeuble déjà aliéné ou démembré par acte à titre onéreux, ont fait transcrire les premiers.

Mais ne peuvent exciper du défaut de transcription :
1° les héritiers *ab intestat* et les autres successeurs universels du défunt, auxquels sont transmises ses obligations personnelles ; 2° les créanciers chirographaires, car ils n'ont pas de *droits sur l'immeuble*, expressions employées, disait le rapporteur, pour écarter les créanciers chirographaires. Les créanciers chirographaires subiront donc les actes du débiteur, soit qu'il les ait passés avant ou après qu'il se fût obligé envers eux.

Ainsi, un propriétaire vend un immeuble à l'insu de ses créanciers, ceux-ci font saisir cet immeuble. L'acheteur qui n'a point transcrit leur signifie que cet immeuble lui appartient. Les créanciers saisissants ne pourront l'écarter sous prétexte que la vente n'a pas été transcrite. Quoique non publique, la vente l'a rendu propriétaire à l'égard du vendeur, et par conséquent aussi à l'égard des chirographaires.

Mais si l'acheteur, au lieu de faire connaître par signification sa vente, reste inactif jusqu'à l'adjudication poursuivie par les saisissants, celui-là sera propriétaire qui de l'acheteur primitif ou de l'adjudicataire aura le premier transcrit. L'adjudicataire aura donc à se hâter de faire transcrire, s'il ne veut pas être exposé à une éviction.

L'adjudicataire, ayant transcrit le premier, sera propriétaire et devra payer son prix à l'acheteur qui, dans ses rapports avec le saisi et les saisissants, était propriétaire de l'immeuble. Si le prix a été payé aux saisissants, ceux-ci devront le rendre à l'acheteur ; mais s'ils sont insolvables, l'adjudicataire n'en sera pas moins libéré ; car du moment que la vente n'a pas été transcrite, elle est, en ce qui le concerne, considérée comme non avenue. Les frais de saisie seront à la charge des saisissants ; car, quoique la vente n'eût pas été transcrite, ils devaient la connaître, puisque l'acheteur n'a pas besoin de transcrire pour être propriétaire à l'égard des créanciers chirographaires.

Mais si l'immeuble n'a été vendu que depuis la saisie, il faut distinguer. Si la vente a eu lieu avant la transcription de la saisie, transcrite ou fion, il faut la subir quand on l'oppose. Si elle n'a eu lieu qu'après la transcription de la saisie, elle est sans effet à l'égard des saisissants, alors même qu'elle eût été transcrite. Si donc l'acheteur veut demeurer propriétaire, il devra désintéresser les saisissants.

Les baux qui n'ont pas acquis date certaine avant le commandement qui précède la saisie, ne sont point opposables aux créanciers saisissants (Cod. de proc., art. 684). Mais ceux qui ont date certaine avant cette époque, qu'ils soient transcrits ou non, devront être subis en entier par les saisissants. Ainsi, un propriétaire donne, à titre de bail, un immeuble par un acte enregistré, mais non transcrit. Cet immeuble est saisi par les créanciers chirographaires et vendu à leur poursuite. Le preneur, qui n'était pas entré en possession à l'époque de la saisie, ne s'y est pas opposé, mais après l'adjudication il produit son bail. L'adjudicataire le subira pendant dix-huit ans. Mais si ce preneur, qui a tenu secret ce bail jusqu'à l'adjudication, le fait transcrire avant la transcription de l'adjudication, ce bail sera subi en entier.

Un commerçant vend un immeuble et tombe ensuite en faillite. Si la vente n'est transcrite qu'après le jugement déclaratif de la faillite, sera-t-elle inefficace ou

bien faudra-t-il user de distinctions et dire : Si les syn-
dics ont pris avant la transcription de la vente l'inscription prescrite, au nom des créanciers, par l'art. 490 du
Code de commerce, la vente sera nulle. Si, au contraire,
la vente a été transcrite avant cette inscription, la vente
leur sera opposable, conformément à l'art. 6.

Si deux individus, ayant acquis les mêmes droits,
transcrivent le même jour, qui l'emportera ? Si l'heure
de la transcription était indiquée, peut-être pourrait-
on accorder la préférence à celui qui a transcrit le
premier. Mais le conservateur ne mentionne pas l'heure.
Étendra-t-on à ce cas la disposition de l'art. 2147, ou
bien donnera-t-on la préférence à celui dont l'enregistrement est le plus ancien ?

Le dol et la fraude faisant exception à toutes les
règles, si celui qui a transcrit le premier avait parti-
cipé à la fraude de l'aliénateur, la transcription ne lui
profiterait pas.

II. D'après le Code Napoléon, le privilége ne pouvait
être invoqué contre les tiers acquéreurs qu'autant qu'ils
avaient été informés de son existence par une inscription
existante au moment de leur acquisition. Pour le privilége du vendeur, la transcription de la vente tenait lieu
d'inscription. Le vendeur conservait ainsi son privilége,
qu'il pouvait opposer à tous ceux qui avaient acquis
l'immeuble après la transcription. Tant que l'immeuble
était entre les mains de l'acheteur, le vendeur pouvait
transcrire et primer ainsi les créanciers hypothécaires
qui avaient déjà inscrit. Mais quand l'acheteur avait re-
vendu, il n'y avait plus d'inscription possible et, faute
d'inscription, le privilége était primé par les hypothèques inscrites avant la revente. Le copartageant, en

s'inscrivant dans les deux mois à compter de l'acte de partage ou du jugement d'adjudication, primait les hypothèques acquises sur l'immeuble, même antérieures à son inscription ; mais s'il n'avait pas inscrit au moment de l'adjudication, il ne pouvait suivre l'immeuble, quand même il aurait inscrit dans les deux mois.

Les hypothèques perdaient leur droit de suite quand elles n'étaient pas inscrites au moment de l'aliénation. Une exception était faite en faveur des hypothèques légales des femmes mariées, des mineurs et des interdits, qui survivaient à l'aliénation de l'immeuble, pourvu qu'elles eussent été inscrites conformément à l'art· 2194.

Mais les art. 834 et 835 du Code de procédure vinrent modifier ces dispositions. Le privilége produisait son effet contre les tiers acquéreurs s'il avait été inscrit dans la quinzaine à partir de la transcription de l'acte que devait faire le tiers acquéreur. Le vendeur et le copartageant pouvaient également conserver leur privilége en s'inscrivant dans cette quinzaine, et le copartageant qui n'avait pas inscrit pouvait encore, en s'inscrivant dans les deux mois du partage, conserver son droit de préférence sur le prix, si l'acheteur ne l'avait pas encore payé. L'hypothèque pouvait enfin être inscrite dans la quinzaine, et l'hypothèque légale de la femme, du mineur et de l'interdit était encore valablement inscrite dans les deux mois (C. Nap., art. 2194).

La nouvelle loi vient changer ce régime.

« A partir de la transcription, les créanciers privilégiés ou ayant hypothèque aux termes des art. 2123, 2127, 2128 du Code Napoléon ne peuvent prendre utilement inscription sur le précédent propriétaire.

«Néanmoins le vendeur ou le copartageant peuvent utilement inscrire les priviléges à eux conférés par les art. 2108 et 2109 du Code Napoléon dans les quarante-cinq jours de l'acte de vente ou de partage, nonobstant toute transcription d'acte faite dans ce délai.

«Les art. 834 et 835 du Code de procédure sont abrogés (art. 6).»

Ainsi le cours des inscriptions des priviléges et hypothèques sera arrêté, non plus comme sous le Code par l'aliénation de l'immeuble, ou sous le Code de procédure par l'expiration du délai de quinzaine qui a suivi la transcription, mais par la transcription elle-même.

L'ensemble des dispositions de la loi montre qu'elle ne règle que ce qui a rapport au droit de suite.

Priviléges généraux. — Si l'immeuble est entre les mains du débiteur, aucune inscription n'est nécessaire, car il ne s'agit que du droit de préférence, et sous ce rapport les priviléges produisent leur effet sans inscription. Si l'immeuble a été vendu, l'inscription peut être prise après l'aliénation, mais elle doit l'être avant la transcription de la vente, car, après elle, elle est non avenue. Il y a là une inconséquence. La loi accorde au vendeur et au copartageant un délai de quarante-cinq jours pour inscrire et elle n'accorde rien au créancier qui a un privilége général. Or, elle place dans l'ordre privilégié le privilége général au-dessus du privilége du vendeur et du copartageant; c'est protéger d'abord, pour négliger ensuite.

Privilége des ouvriers. — Ce qui a trait au droit de préférence est réglé par l'ancien Droit. Mais, pour le droit de suite, il faudra deux inscriptions et toutes deux antérieures à la transcription de l'aliénation, d'abord l'inscription du procès-verbal de l'état des lieux, et celle du procès-verbal de réception des travaux. Si la vente a eu lieu et a été transcrite depuis l'inscription du procès-verbal de l'état des lieux, mais pendant les travaux et avant l'inscription du procès-verbal de réception, qu'adviendra-t-il? Si l'acquéreur consent à ce qu'on continue les travaux, ce sera comme s'il les avait ordonnés, mais s'il les arrête, est-ce que rien ne garantira la plus-value provenant des travaux? La loi n'a pas prévu ce cas. Elle n'a pas pu accorder un privilége aux ouvriers et leur refuser le moyen de le conserver. L'art. 2103 accorde six mois aux ouvriers pour faire recevoir les travaux. Peut-être alors décidera-t-on que, les travaux ayant été reçus dans ces six mois, l'ouvrier conservera son privilége s'il inscrit le plus tôt possible le procès-verbal de réception de ces travaux. Si l'immeuble sur lequel on a fait des travaux a été aliéné et si la vente a été transcrite après l'achèvement des travaux, mais pendant les six mois accordés pour les faire recevoir, l'hypothèse étant la même que plus haut, devra être résolue de la même manière. Mais si le procès-verbal de réception des travaux existant à l'époque de la transcription de la vente est inscrit après cette transcription, le droit des ouvriers sera alors anéanti, car ils auront eu alors le temps de se mettre en règle.

Privilége du vendeur. — Le projet de loi, en supprimant les art. 834 et 835, enlevait au vendeur non payé le délai de quinzaine pour conserver son privilége. Il devait donc faire transcrire immédiatement pour éviter qu'une sous-aliénation transcrite avant la vente n'anéantît son droit. On avait donc demandé le maintien des art. 834 et 835, mais on ne l'obtint pas. Le

Conseil d'État accorda d'abord un délai de quinzaine; ce délai, paraissant insuffisant, fut porté à quarante-cinq jours. Le vendeur peut donc valablement s'inscrire tant que l'immeuble qu'il a vendu n'a pas été aliéné par son acheteur, même après la vente, tant qu'elle n'a pas été transcrite et, à la différence des autres créanciers privilégiés ordinaires ou hypothécaires, dans les quarante-cinq jours de la vente. Ainsi, quelqu'un vend un immeuble et n'inscrit pas son privilége, l'acquéreur ne fait pas transcrire et revend ce même immeuble : le deuxième acquéreur transcrit la deuxième vente. Si le premier acquéreur est encore dans les quarante-cinq jours de la vente, il peut prendre inscription et conserver son privilége. Si, au contraire, ces quarante-cinq jours sont expirés au moment de la transcription de la revente, aucune inscription ne peut être prise et le vendeur perd son privilége. Ainsi, la transcription d'une revente a pour effet de faire passer à celui qui transcrit une propriété absolue, affranchie de toutes charges, quand son vendeur n'avait qu'une propriété relative. Le premier veudeur est déchu de son droit par la transcription d'un titre qui n'est pas le sien.

La transcription de la vente vaut-elle sous l'empire de la nouvelle loi, comme sous l'empire du Code Napoléon (art. 2108), inscription pour conserver le privilége du vendeur? Certainement. Ainsi, l'acheteur d'un immeuble transcrit et vend cet immeuble à un deuxième acheteur qui transcrit également. Le premier vendeur n'a pas pris inscription, et quarante-cinq jours se sont écoulés depuis la première vente. Son privilége sera conservé. Mais, dit la loi, le vendeur conserve son privilége même après la transcription de la vente, s'il est encore dans les quarante-cinq jours, par une inscription. Les termes de la loi sont absolus et semblent embrasser aussi bien le cas où la première vente a été transcrite que l'hypothèse inverse. — Du moment que la première vente a été transcrite, les tiers sont réputés la connaître, non pas sous tels et tels rapports, mais quant à tous ses effets. S'ils savent que le vendeur n'est plus propriétaire, ils savent également qu'il a un privilége pour la garantie de sa créance, ils doivent donc le subir. L'art. 2108 n'a pas été abrogé. Le conservateur est tenu d'inscrire d'office le privilége. La loi n'a rien exigé de plus. Elle s'est placée dans l'hypothèse d'une première vente non transcrite. M. Rouher l'a dit lui-même: « Alors que l'acquéreur a fait transcrire son contrat, le vendeur n'a rien à faire, le conservateur des hypothèques est obligé d'inscrire d'office son privilége. » Mais il y a plus, quand même le conservateur n'aurait pas pris d'office inscription, le privilége du vendeur n'en serait pas moins conservé, seulement le conservateur encourrait une responsabilité envers les tiers.

Si l'immeuble vendu est resté dans le patrimoine de l'acheteur, le vendeur sera aux prises avec les autres créanciers de son débiteur; c'est du droit de préférence qu'il s'agira. Le privilége du vendeur primera les hypothèques consenties par l'acheteur, qu'il soit ou non inscrit. Car, si la vente n'a pas été transcrite, le vendeur restait propriétaire à l'égard des tiers, et dès lors l'acheteur ne pouvait consentir aucune hypothèque à son préjudice; si la vente a été transcrite, l'acheteur est devenu propriétaire; mais la transcription a appris aux tiers que le bien qu'il pouvait leur offrir en gage était déjà affecté par privilége à la sûreté du vendeur.

Le privilége subsisterait quand même, la transcription ayant eu lieu, l'inscription prise d'office aurait été périmée, faute d'être renouvelée. Le privilége se conserve en l'absence de toute inscription d'office; si donc il est indépendant de cette inscription, qu'importe qu'elle subsiste ou qu'elle soit périmée.

Mais si le vendeur donne main-levée de son privilége, il y renonce, car autrement quel profit procure-rait-il à l'acheteur?

Le vendeur peut lui-même requérir la transcription dans le cas où l'acheteur n'aurait pas transcrit et y suppléer par une inscription directe.

Quand l'acheteur tombe en faillite, le droit de s'inscrire ou de transcrire disparaît en vertu de l'art. 448 du Code de commerce. Cette disposition ne parle que de l'inscription, mais comme la transcription vaut inscription, elle est nulle dans le cas où l'inscription serait nulle. Le vendeur ne pourra s'inscrire même dans les quarante-cinq jours de la vente; il perdra son privilége; il n'aura pas non plus d'action en revendication qu'il fondera sur ce que l'acheteur ne devient propriétaire à l'égard des tiers que par la transcription, car entre les parties la propriété se transfère par le seul consentement. Au regard de l'acheteur, le vendeur n'est plus propriétaire.

Privilége du copartageant. Deux cas sont à considérer:

1° Si l'immeuble grevé de la dette que le privilége garantit est dans le patrimoine du copartageant, le créancier peut utilement inscrire son privilége dans les soixante jours du partage. Après ces soixante jours, l'inscription ne date qu'à partir du jour où elle est prise, et ne confère qu'une hypothèque.

2° Si l'immeuble a été aliéné, le privilége peut être inscrit tant que la transcription n'a pas eu lieu et même après la transcription, si le copartageant est encore dans les quarante-cinq jours du partage. Après ce délai, aucune inscription n'est possible.

Hypothèques. Les hypothèques non inscrites s'évanouissent par la transcription. Elles peuvent être inscrites après l'aliénation et tant que l'aliénation n'a pas été transcrite; après la transcription, aucune inscription n'est possible.

Cependant les hypothèques légales des femmes des mineurs et des interdits restent soumises au Code Napoléon. Elles sont valablement inscrites après la transcription et tant que les délais des art. 2194 et 2195 ne sont pas expirés. La nouvelle loi ne parle que des art. 2123, 2127 et 2128, et non de l'art. 2121. Or, les art. 2124, 2127 et 2128 n'ont trait qu'aux hypothèques judiciaires et conventionnelles; on pourrait donc, en s'attachant à la lettre de la loi, soutenir qu'elle ne s'applique pas aux hypothèques légales de l'État, des communes, etc. Comme les art. 834 et 835 sont abrogés, ces hypothèques ne pourraient alors être inscrites dès que l'immeuble serait sorti du patrimoine du débiteur; mais la loi s'est probablement mal exprimée, car elle ne peut mettre au-dessous des hypothèques judiciaires et conventionnelles des hypothèques qu'elle crée elle-même. Ces hypothèques seront donc régies comme les hypothèques judiciaires et conventionnelles.

L'abrogation des art. 834 et 835 du Code de procédure a rencontré bien des oppositions. Ce que l'on veut établir, a-t-on dit, existait déjà avant la promulgation du Code de procédure; le droit du créancier était anéanti par la vente : une expérience de deux ans avait suffi pour révéler les inconvénients de ce système, et les art. 834 et 835 étaient venus pour arrêter le mal. La sécurité était beaucoup plus complète sous l'empire du Code civil et du Code de procédure qu'elle ne le sera sous l'empire de la nouvelle loi.

« Sans doute, continuait-on, la nouvelle loi favorise l'acquéreur, puisqu'elle lui donne un moyen d'éviter qu'un vendeur de mauvaise foi lui fasse payer une propriété déjà vendue, grevée d'usufruit ou de tout autre démembrement. Mais l'acquéreur n'a aucun intérêt à la suppression du délai de quinzaine.

« En ce qui concerne les créanciers, la nouvelle loi ne leur donne pas autant de sécurité que l'ancienne. S'il s'agit d'un créancier de l'acquéreur, la législation du Code lui garantit toute sécurité, pourvu qu'il s'assure qu'il n'est survenu dans la quinzaine de la transcription aucune inscription du chef du vendeur ou de ses créanciers et qu'il n'en existe aucune sur son emprunteur. S'il s'agit d'un créancier du vendeur, l'ancienne législation lui donne aussi toute sûreté, puisqu'elle lui réserve le droit de s'inscrire dans la quinzaine de la transcription du contrat. L'art. 6 enlève cette sécurité et semble être dirigé contre l'intérêt des créanciers. La suppression du délai de quinzaine n'est donc nécessaire ni au vendeur, ni aux créanciers du vendeur, ni à ceux de l'acquéreur.»

Voyons un peu, ajoutait-on, à quels résultats l'art. 6 conduira. Quelqu'un prête sur billet : plus tard, craignant pour la solvabilité de son débiteur, il exerce des poursuites en paiement de son billet, et obtient un jugement qui lui donne hypothèque sur tous les biens de son débiteur; celui-ci les vend, et si l'acquéreur transcrit avant que le créancier n'ait inscrit, le droit du créancier s'évanouira. Il sera puni de sa confiance, de sa générosité. Ce sera la suppression du simple billet, du prêt de confiance. Quelqu'un, en vertu d'un jugement, est condamné à des dommages-intérêts. Il s'y soustraira s'il se hâte de vendre ses biens. Quelqu'un emprunte et consent une hypothèque. L'acte signé, il reçoit ses fonds; mais à l'instant il vend, l'acheteur fait transcrire, et le prêteur, n'ayant pas encore inscrit, voit sa garantie s'évanouir. Ces raisons ne furent pas entendues. Le nouveau système, répondirent les partisans de l'article, amènera une amélioration, une grande simplification. L'acquéreur arrivera très-vite à la libération de sa propriété.—Mais s'il est bon d'éviter ce qui est embarrassant, on ne doit pas le faire au préjudice de la justice. Ensuite, on n'arrivera même pas à libérer la propriété immédiatement. L'acquéreur attendra l'expiration du délai de quarante-cinq jours pour payer, ensuite, s'il y a des hypothèques légales, il faudra des formalités très-longues pour les purger.

Les partisans de l'art. 6 répondirent ensuite que le prêteur n'aurait rien à craindre de la mauvaise foi de l'emprunteur, s'il ne donnait ses fonds que quand il aurait inscrit, et que leurs adversaires perdaient sans doute de vue le principe nouveau introduit par la loi et la différence radicale qui sépare la transcription qu'elle prescrit et la transcription du Code où elle n'était que le premier acte par lequel le vendeur arrivait à la purge. « Le délai de quinzaine, disaient-ils, accordé aux créanciers hypothécaires était la conséquence logique du principe qui régissait la vente sous le Code Napoléon;

par cela même que la vente transférait immédiatement la propriété à l'acquéreur, personne ne pouvait plus désormais faire inscrire l'hypothèque du précédent propriétaire. C'est sous l'empire de ce système que les art. 834 et 835 ont été rédigés. Le législateur a voulu, par esprit d'équité, s'occuper des créanciers, et considérant la transcription non pas comme opérant la transmission de la propriété, mais comme le premier acte de la purge, il a permis que dans la quinzaine après l'accomplissement de cette formalité ceux qui avaient des droits hypothécaires pussent les inscrire ; mais aujourd'hui, comme la transcription a un autre caractère, il n'est pas possible que, quand l'aliénation a eu lieu, les créanciers du vendeur s'inscrivent sur un bien dont il est dépouillé. » J'avoue que je ne comprends pas. Je vois bien que la transcription est exigée maintenant pour la translation de la propriété, tandis qu'autrefois elle n'était que le premier acte de la purge. Mais si la propriété n'est transférée maintenant que par la transcription, tandis qu'elle l'était autrefois par la seule convention, c'est un autre mode de translation, voilà tout. Et si on admet qu'on avait bien fait autrefois d'accorder un délai pour inscrire après la vente, je ne vois pas pourquoi on ne l'accorderait pas encore sous l'empire de la nouvelle loi. L'abrogation des art. 834 et 835 n'était donc pas, selon moi, une conséquence forcée du principe de la loi ; et les bons résultats qu'on est en droit d'attendre de cette loi n'eussent nullement souffert du maintien de ces articles.

D'après la date seule de la transcription, il sera difficile de décider ce qui adviendra quand une hypothèque sera inscrite sur un immeuble le jour même où la transcription aura lieu. Comme rien n'indiquera que la transcription a précédé l'inscription et *vice versa*, qui de l'acquéreur ou du créancier l'emportera?

S'il y a fraude, les créanciers peuvent attaquer les actes du débiteur, en vertu de l'art. 1187 du Code Napoléon.

III. L'action résolutoire anéantit par son effet rétroactif toutes les aliénations, toutes les affectations hypothécaires ou autres consenties par l'acquéreur. Sous l'empire du Code, l'action résolutoire n'était soumise à aucune formalité. Le privilége devait être inscrit et l'action résolutoire restait occulte. C'était un vice dans l'établissement de la propriété. En 1850, M. de Vatismenil le signalait en ces termes devant l'Assemblée législative : «Un individu vend un immeuble, le prix n'est pas payé ou ne l'est qu'en partie; quelquefois même il ne doit pas l'être, parce qu'il consiste en une rente. Le vendeur laisse périmer l'inscription d'office prise au moment de la transcription; l'acquéreur revend, le sous-acquéreur fait transcrire son contrat. Quinze jours après cette transcription, l'immeuble est définitivement purgé du privilége du vendeur. Si donc l'immeuble est vendu une troisième fois, le vendeur originaire ne pourra être colloqué sur le prix. Les créanciers du premier et du deuxième acquéreur auront droit à ce prix à son exclusion, et cependant il pourra exercer l'action résolutoire, déposséder par l'effet de cette action le troisième acquéreur, et faire tomber toutes les hypothèques consenties par les précédents acquéreurs, anéantir tous les droits réels (tels que servitudes, usufruits), constitués par eux, en un mot, il lui sera loisible de faire table rase et de remettre les choses dans l'état où elles se trouvaient au moment où il l'a vendu.

«Les tribunaux ont même souvent jugé que, lorsque le vendeur primitif qui avait perdu son privilége avait été appelé dans une procédure d'ordre; qu'il avait encouru la forclusion faute d'avoir produit, ou que, ayant produit, il n'avait pas été colloqué, il n'en conservait pas moins le droit d'intenter l'action résolutoire et de rentrer dans l'immeuble, après que l'ordre était définitivement réglé et le prix payé aux créanciers colloqués.»

En 1841, la loi du 3 mai modifia l'art. 717 du Code de procédure civile. Il fut décidé qu'en matière d'expropriation forcée, l'adjudicataire ne pourrait être troublé par aucune demande en résolution, fondée sur le défaut de paiement du prix des anciennes aliénations, lorsque la demande n'aurait pas été formée avant l'adjudication, et notifiée au greffe du tribunal où se poursuit la vente. L'art. 838 du Code de procédure a ensuite étendu cette disposition aux adjudications par suite de surenchère sur aliénation volontaire. Voyons ce qu'ordonne la nouvelle loi :

« L'action résolutoire établie par l'art. 1654 du Code Napoléon ne peut être exercée, après l'extinction du privilége du vendeur, au préjudice des tiers qui ont acquis des droits sur l'immeuble du chef de l'acquéreur, et qui se sont conformés aux lois pour les conserver (art. 7). »

La nouvelle loi n'apporte aucune modification à l'action résolutoire du vendeur contre son acquéreur resté propriétaire de l'immeuble. Ainsi, quand même le vendeur n'aurait pas inscrit dans les quarante-cinq jours de la vente, son action résolutoire serait opposable aux créanciers hypothécaires de l'acquéreur, car le privilége du vendeur, inscrit même après les quarante-cinq jours, prime les créanciers hypothécaires inscrits du chef de cet acquéreur.

Mais si, l'immeuble étant entre les mains du premier acquéreur, l'inscription tombe en péremption par l'expiration du délai de dix ans, et si des inscriptions ont été prises sur l'immeuble par les créanciers hypothécaires de l'acquéreur, l'action résolutoire pourra-t-elle encore être exercée au préjudice de ces créanciers? Je le pense, car, tant que l'immeuble est entre les mains de l'acquéreur, le privilége peut toujours être inscrit, même dans le cas où il y aurait eu péremption, je l'ai montré plus haut: il primera alors les créanciers hypothécaires de l'acquéreur. Par conséquent donc, si le privilége reste intact, l'action résolutoire subsiste, puisque, quand le privilége existe, l'action résolutoire existe aussi.

Si le vendeur a donné mainlevée, il n'aura plus l'action résolutoire à l'égard des créanciers de l'acquéreur.

Mais si la propriété de l'immeuble ou de ses démembrements, tels que l'usufruit, les servitudes prédiales, etc., a été aliéné par l'acquéreur, l'action résolutoire sera éteinte à défaut d'inscription du privilége du vendeur dans les quarante-cinq jours de la vente.

Un vendeur ne délivre pas l'immeuble vendu, l'acheteur ne transcrit pas et revend cet immeuble, le tiers acquéreur transcrit son titre: quarante-cinq jours se sont écoulés depuis la première vente. Le vendeur, qui a perdu son privilége, son action résolutoire, perdra-t-il encore son droit de rétention? Je ne le pense pas. Le but de la loi est de débarrasser la propriété des charges occultes qui la grevaient, le droit de rétention ne paraît pas devoir être de meilleure condition que, le privilége et l'action résolutoire, c'est vrai ; mais cependant la loi ne parle pas du droit de rétention, et je doute fort qu'on puisse pousser l'interprétation de la loi jusqu'à exiger, pour la conservation d'un droit, une formalité qu'elle n'exige pas.

M. Mourlon prétend que la loi s'est mal exprimée, quand elle a dit que, quand le privilége tombe, l'action résolutoire tombe aussi. Voici, selon lui, la pensée de la loi. Le droit de résolution étant, comme le privilége, soumis à la publicité, ne peut pas être opposé aux tiers acquéreurs, lorsque le privilége, faute d'une inscription prise en temps utile, ne peut pas l'être lui-même ; il en résulte que, pourvu qu'il soit inscrit, il est indépendant du privilége. Ainsi, quand le vendeur, soit par suite d'une forclusion prononcée faute de production dans un ordre, soit par l'effet d'un purgement accompli par le sous-acquéreur, soit par une renonciation formelle, se trouvera dépouillé de son privilége ; il aura toujours son action résolutoire. Je n'admets pas l'opinion de M.'Mourlon : parce que le but de la loi est de débarrasser la propriété des charges qui la grèvent, et parce que ensuite le législateur a répété tant de fois, et avec tant de persistance, que, quand le privilége s'éteignait, l'action résolutoire s'éteignait aussi, qu'on avait solidarisé le privilége et l'action résolutoire, que je ne puis croire qu'il ait voulu dire autre chose que ce qu'il a dit.

V. La formalité de la transcription consiste dans la copie littérale de l'acte sur un registre spécial tenu par le conservateur des hypothèques.

Le projet de loi contenait un article qui prescrivait un autre mode de transcription ; c'était tout à la fois le dépôt de la copie de l'acte au bureau du conservateur, et sa transcription par extrait sur le registre de celui-ci, mais ce mode n'a pas été admis. Quand un acte contient des conventions de diverses natures, on peut ne transcrire que celles de ces conventions qui concernent la transmission du droit soumis à la formalité. Cette observation fut faite par M. Duclos lors de la discussion.

Le registre de transcription est public. « Le conservateur, lorsqu'il en est requis, délivre sous sa responsabilité l'état spécial ou général des transcriptions et mentions prescrites par les articles précédents (art. 5). »

La loi dit spécial ou général: les tiers qui voudront se renseigner pourront donc indiquer au conservateur la transcription particulière qu'ils désirent connaître à l'exclusion de toute autre relative au même immeuble. Ils pourront donc ne pas lever d'états généraux de toute les transcriptions du même bien.

La responsabilité du conservateur pour la transcription des actes et la délivrance des états de transcription est réglée par les art. 2196 et suiv. du Code Napoléon.

Il fallait un délai pour donner des instructions aux conservateurs et faciliter la transition de l'ancien régime au nouveau.

« La présente loi est exécutoire à partir du 1er janvier 1856 (art. 10). »

Il fallait enfin régler le sort des actes antérieurs au jour où la loi est exécutoire.

« Les art. 1, 2, 3, 4 et 9 ci-dessus ne sont pas applicables aux actes ayant acquis date certaine, et aux jugements rendus avant le 1er janvier 1856.

« Leur effet est réglé par la législation sous l'empire de laquelle ils sont intervenus.

« Les jugements prononçant la résolution, nullité ou rescision d'un acte non transcrit, mais ayant date certaine avant la même époque, doivent être transcrits conformément à l'art. 4 de la présente loi.

« Le vendeur dont le privilége serait éteint au moment où la présente loi deviendra exécutoire, pourra conserver vis-à-vis des tiers l'action résolutoire qui lui appartient aux termes de l'art. 1654 du Code Napoléon, en faisant inscrire son action au bureau des hypothèques dans le délai de six mois, à partir de la même époque. L'inscription exigée par l'art. 8 doit être prise dans l'année, à compter du jour où la loi est exécutoire : à défaut d'inscription dans ce délai, l'hypothèque légale ne prend rang que du jour où elle est ultérieurement inscrite.

« Il n'est point dérogé aux dispositions du Code Napoléon relatives à la transcription des actes portant donations ou contenant des dispositions à charge de rendre ; elles continueront à recevoir leur exécution (art. 11). »

C'eût été causer de graves perturbations et ouvrir la porte à des fraudes et à de nombreuses contestations que de donner à la loi un effet rétroactif. Aussi les actes et jugements passés avant le 1er janvier 1856 seront-ils réglés par la législation sous l'empire de laquelle ils ont eu lieu.

Le jugement prononçant la résolution, nullité ou rescision d'un acte non transcrit, mais ayant date certaine avant le 1er janvier 1856, s'il est rendu après cette époque, devra être transcrit dans le mois à partir du jour où il a acquis l'autorité de la chose jugée.

Les veuves, les mineurs devenus majeurs, les interdits relevés de l'interdiction, leurs héritiers ou ayant cause, sont tenus d'inscrire l'hypothèque légale dans l'année, à compter de la dissolution du mariage ou de la cessation de la tutelle. Si la dissolution du mariage ou la cessation de la tutelle sont arrivées avant le 1er janvier 1856, l'inscription devra être prise dans l'année, à compter de cette époque.

Les créanciers privilégiés ou hypothécaires non dispensés d'inscription devaient s'inscrire avant le 1er janvier 1856. Mais le vendeur et le copartageant pouvaient conserver leur privilége en s'inscrivant après cette époque, s'ils étaient encore dans les quarante-cinq jours de la vente ou du partage.

Pour que la loi portât immédiatement ses fruits et que l on ne restât pas exposé pendant longtemps aux actions résolutoires, on a accordé au vendeur, dans le cas où au 1er janvier 1856 son privilége serait éteint, le droit de conserver son droit de résolution en s'inscrivant dans les six mois à partir de cette époque.

Enfin, un dernier article fixe les droits de transcription. « Jusqu'à ce qu'une loi spéciale détermine les droits à percevoir, la transcription des actes ou jugements qui n'étaient pas soumis à cette formalité avant la présente loi, est faite moyennant le droit fixe d'un franc (art. 12).

DROIT ROMAIN.

Du prêt à intérêt.

I. La vie des premiers Romains se partageait entre les occupations agricoles et les expéditions guerrières. Sans commerce et sans industrie, leurs seules ressources étaient la récolte de leurs champs et les dépouilles des ennemis. Dans le partage qui avait lieu après chaque victoire, les patriciens recevaient la plus grande part dans les terres conquises et la meilleure partie du butin : on ne distribuait guère aux plébéiens que ce que les patriciens n'avaient pas voulu. Les ressources de plébéien étaient donc bien légères. Obligé d'aller à la guerre et de se fournir d'armes et de vivres à ses frais, quoique sous le drapeau, pendant qu'il battait les Volsques et les Étrusques, les Eques et les Sabins ravageaient son champ, brûlaient sa chaumière et enlevaient ses bœufs et sa charrue. Il rentrait vainqueur à Rome, mais il trouvait sa famille sans abri et sans pain. Ce qu'il rapportait de sa victoire ne pouvait compenser tous ces ravages. Il empruntait alors au patricien, lui promettait d'enlever à l'ennemi qu'il irait bientôt combattre, de quoi acquitter sa dette, et lui engageait son petit champ. Le patricien profitait de sa position pour lui faire consentir des intérêts énormes. Mais la campagne n'avait pas été heureuse, le plébéien ne pouvait payer, la valeur du petit champ ne suffisait pas; la personne du débiteur répondait alors de sa dette : il était livré à son créancier. Le nombre des débiteurs devint si considérable qu'il forma bientôt la majorité de la classe plébéienne. A peine avaient-ils quitté l'armée qu'ils trouvaient à Rome les tortures et les prisons. « Pour eux, dit Tite-Live, il y avait encore plus de sûreté au milieu des ennemis pendant la guerre, que pendant la paix au milieu des citoyens.—Écoutons dans quels termes ils racontent eux-mêmes leur malheureuse position (Denys d'Halycarnasse, II) :

« Nous nous sommes vus réduits à la dure nécessité de cultiver nos propres terres au profit de ces tyrans insatiables, de bêcher, de planter, de labourer, de garder nos troupeaux : devenus les compagnons des esclaves que nous avons acquis par les armes, traités en tout comme eux, les uns les mains liées, les autres les fers aux pieds et le carcan au cou comme les bêtes les plus féroces, sans parler des outrages et des insultes amères, de l'insolence et de la cruauté de ces barbares, qui a été souvent jusqu'à nous déchirer le corps à coups de verge. » Les maisons des patriciens étaient pleines de ces malheureux, qu'on y amenait chaque jour par troupeaux (*gregatim adducebantur*).

Mais, pendant une assemblée du peuple, un vieillard s'échappe de sa prison et s'élance hâve et défait sur le Forum. C'était un brave soldat, qui s'était trouvé à plusieurs batailles. Dans la guerre contre les Sabins, sa maison avait été brûlée, ses troupeaux enlevés : ne pouvant payer ses dettes, il avait été livré à son créancier.

Sa poitrine était couverte des blessures qu'il avait reçues pour la patrie et son dos saignait des coups du fouet de son créancier. A ce spectacle, l'indignation éclate: on brise les chaînes des débiteurs et les plébéiens se retirent sur le Mont-Sacré. On nomme alors des tribuns pour soutenir les intérêts du peuple et le protéger contre l'injustice et la violence de ses créanciers. Environ cinquante ans plus tard, la loi des XII Tables, espèce de charte arrachée par les plébéiens aux patriciens, qui enlevait à ces derniers leur pouvoir arbitraire, vint fixer les droits du créancier sur son débiteur (*Manus injectio*) et en régler le mode d'exécution.

M. Michelet dans son histoire romaine en donne une remarquable description. Je le transcris. «Enfin l'époque fatale arrive, il faut payer. Que deviendra le plébéien? Les XII Tables donnent réponse. Écoutons ce chant terrible de la loi (*Lex horrendi carminis erat*). « Qu'on « l'appelle en justice. S'il n'y va, prends des témoins, con- « trains-le. S'il diffère et veut lever le pied, mets la main «sur lui. Si l'âge ou la maladie l'empêchent de com- «paraître, fournis un cheval, mais point de litière. » Eh quoi! le malheureux est revenu blessé dans Rome, son sang coule pour le pays : le jetterez-vous mourant sur un cheval? N'importe, il faut aller. Il se présente au tribunal avec sa femme en deuil et ses enfants qui pleurent. « Que le riche réponde pour le riche, pour le pauvre «qui voudra. La dette avouée, l'affaire jugée, trente «jours de délai. Puis qu'on mette la main sur lui, qu'on «le mène au juge. Le coucher du soleil ferme le tribu- « nal. S'il ne satisfait pas au jugement, si personne ne «répond pour lui (*vindex*), le créancier l'emmènera «(*addictus*) et l'attachera avec des courroies ou avec des

« chaînes qui pèseront quinze livres. Moins de quinze
« livres si le créancier le veut. Que le prisonnier vive
« du sien. Sinon, donnez lui une livre de farine ou plus
« à votre volonté. » Grâce soit rendue à l'humanité de
la loi. Elle permet au créancier d'alléger la chaîne et
d'augmenter la nourriture. Elle lui permet bien d'autres
choses en ne les défendant pas, et les fouets et l'humi-
dité d'une prison ténébreuse et la torture d'une longue
immobilité. J'aime encore mieux m'arrêter dans l'hor-
reur de ce cachot que de chercher ce qu'est devenue la
famille du pauvre misérable esclave aujourd'hui comme
lui. Heureux si par une émancipation prudente il a su
préserver à temps ses enfants. Sinon leur père pourra
de l'*ergastulum* obscur où on le retient, les entendre
crier sous le fouet, ou peut-être au milieu des derniers
outrages l'appeler à leur secours.

« S'il ne s'arrange point, tenez-le dans les liens
« soixante jours, cependant produisez-le en justice par
« trois jours de marché, et là publiez à combien se monte
« sa dette. » Hélas, lorsque l'infortuné sortira des tortures
du cachot pour subir le grand jour et l'infamie de la
place publique, ne se trouvera-t-il personne pour l'ar-
racher à ces mains cruelles ! « Au troisième jour de
« marché, s'il y a plusieurs créanciers, qu'ils coupent le
« corps du débiteur. S'ils coupent plus ou moins, qu'ils
« ne soient point responsables. S'ils veulent, ils peuvent
« le vendre à l'étranger au delà du Tibre. »

Ces horribles dispositions excitaient des murmures
et des plaintes, quand l'an de Rome 429, la cruauté de
l'usurier Paperius sur son jeune débiteur Publius, qu'il
tenait dans les fers et dont il avait voulu corrompre la
pudicité, vint réveiller le peuple. Une sédition eut lieu.

On rendit alors une loi qui défendait aux créanciers de maltraiter leurs débiteurs. Cette loi fut un faible rempart contre la cruauté des créanciers, car environ quarante ans plus tard, il fallut la renouveler. A la suite du crime de Plautius contre Veturius, le peuple s'était retiré sur le Janicule. Plus tard on défendit même de livrer le débiteur à son créancier. Mais ces lois restèrent sans exécution, car, une fois le danger passé, les promesses étaient oubliées et les violences reprenaient leur cours.

Sous l'influence des idées nouvelles, le vieux Droit, qui avait paru si longtemps imposant avec ses symboles et ses préceptes, disparaît. La *manus injectio* n'a plus ni son ancienne forme, ni les effets rigoureux de l'*addictio*. Mais le droit du créancier sur la personne de son débiteur se maintient toujours. Le créancier obtient du prêteur un *duci jubere* qui l'autorise à emmener son débiteur et à le détenir chez lui, travaillant à son service (*operæ*) jusqu'à l'acquittement de la dette. La *missio in possessionem*, la *pignoris capio* viennent modifier de plus en plus ce droit du créancier sur la personne de son débiteur, mais il subsiste cependant, et Justinien, en nous parlant de la cession de biens, nous dit encore qu'elle a lieu, *salva videlicet existimatione, et omni corporali cruciatu semoto.*

II. Primitivement aucune loi ne réglait le taux de l'intérêt. Il était abandonné au bon plaisir des riches (*ex libidine locupletiorum*). La plèbe était alors littéralement écrasée par l'usure patricienne (*mersa et obruta*). Selon Tacite, la loi des XII Tables est la première qui ait essayé de porter remède à ce mal usuraire (*fœnebre malum*), en établissant pour limite l'intérêt d'un douzième (*ne quis unciario fœnere amplius exercéret*), et en punissant de la peine du quadruple le *fœnerator* qui irait au delà (*ann.* VI, 16). Tite-Live attribue cette fixation à un plébiscite postérieur. L'an de Rome 398, dit-il, les patriciens virent avec moins de joie les tribuns du peuple, Duellius et Mœnius, présenter sur l'intérêt d'un douzième (*de unciario fœnere*) une loi que le peuple accueillit et sanctionna avec empressement (liv. VII, 16). En 408, sous le consulat de Manlius Torquatus et de Plautius, l'intérêt fut réduit de moitié (*semunciarium tantum ex unciario fœnus factum*), et il fut décidé que les dettes s'acquitteraient en quatre paiements égaux, dont le premier comptant, et les autres en trois années consécutives (Tite-Live, l. VII, 27).

Peu d'années plus tard, on alla plus loin encore, et partant de ce principe que le prêt à intérêt est une chose onéreuse aux pauvres, et féconde en querelles et en inimitiés, le tribun Genucius fit sanctionner, par le peuple, une loi qui interdisait toute espèce de prêt à intérêt (Tite-Live, l. VII, 161).

Quel chiffre entendre par ces mots *unciarium fœnus, semunciarium fœnus?* M. Ortolan, dans ses *Institutes*, enseigne que *unciarium fœnus* désigne l'intérêt d'une once, c'est-à-dire d'un douzième du capital par an, *semunciarum fœnus*, l'intérêt d'une demi-once, c'est-à-dire d'un vingt-quatrième du capital par an. L'intérêt est ainsi calculé suivant la vieille division romaine, celle de l'as divisé en douze onces, c'est-à-dire par douzième et pour l'année. Cette explication est aussi donnée par Stroth dans son édition de Tite-Live, et par Niebuhr dans son *Histoire romaine*. Elle est en harmonie avec le système de mesure des Romains.

Mais quelle est l'année à laquelle se referait cet intérêt d'un douzième. Était-ce l'année primitive des Romains, l'année lunaire de dix mois, ou bien l'année commune, celle de douze mois, introduite par Numa. S'il s'agissait de l'année de douze mois, *l'unciarium fœnus* reviendrait à 8 1/3 pour cent par an, et *semunciarium fœnus* à 4 1/6 pour cent. S'il s'agissait de l'année de dix mois seulement, ces chiffres reviendraient à 10 pour cent et à 5 pour cent par an, de nos jours.

D'après d'autres auteurs, *l'unciarium fœnus* serait l'once, non pas du capital, mais de l'as usuraire, c'est-à-dire le douzième payable chaque mois de l'intérêt total d'une année : *Unciarium fœnus* ne désignerait alors par lui-même aucun taux.

Enfin Montesquieu, Rollin et d'autres prétendent que *unciarium fœnus* représente 1 pour cent par an.

Il n'était pas possible d'empêcher le prêt à intérêt. C'était, dit Montesquieu, comme si on avait voulu arrêter un fleuve dans son cours. Aussi, la loi qui le prohibait eut-elle le sort de toutes celles où le législateur a porté les choses à l'excès. Elle fut promptement violée. L'avarice inventa un subterfuge pour pratiquer impunément cette violation. Comme les alliés et les citoyens latins n'étaient point assujettis aux lois de Rome, on faisait intervenir un allié ou un Latin, qui prêtait son nom et paraissait être le créancier. La loi n'avait donc fait que soumettre les créanciers à une formalité, à l'aide de laquelle l'usure continuait à exercer ses ravages. Le taux se fixait alors au gré des contractants.

L'an de Rome 559, on voulut remonter à la source du mal. On obligea les alliés et les Latins à venir déclarer les sommes qu'ils avaient prêtées aux citoyens romains à partir d'une certaine époque, et on informa les débiteurs qu'ils étaient libres de faire juger toutes leurs contestations avec leurs créanciers, suivant le Droit romain ou suivant le Droit latin. Les déclarations firent connaître à quels excès se montaient les dettes contractées par ces voies détournées. Le tribun Marcus Sempronius fit rendre alors une loi qui étendit à tous les Latins et alliés la législation romaine en matière de prêt à intérêt. Mais la cupidité se trouva plus ingénieuse encore que la législation, et la loi Sempronia n'eut d'autre effet que d'obliger les prêteurs à chercher des prête-noms hors d'Italie. On mit alors la créance sous le nom d'un homme des provinces.

Ces abus réclamaient une répression. L'an de Rome 585, le tribun Gabinius, faisant la loi qui avait pour objet d'arrêter la corruption dans les suffrages, pensa que le meilleur moyen pour y parvenir était d'empêcher les emprunts, car il fallait de l'argent pour gagner des voix. Il étendit donc le sénatus-consulte Sempronien aux habitants des provinces.

Mais toutes ces lois atteignirent un but diamétralement opposé à celui qu'elles se proposaient. L'intérêt s'éleva alors à un taux excessif. Bientôt les délits devinrent si nombreux qu'il eût été impossible de les réprimer. Les lois furent alors complétement abandonnées. Les parties stipulaient le taux qui leur convenait. L'an de Rome 663, le préteur Sempronius Asellus fut tué par les créanciers pour avoir permis aux débiteurs d'agir en conséquence des lois (*permisit eos legibus agere*).

Quand le mal devenait trop intolérant, les débiteurs faisaient des séditions et réclamaient l'abolition des dettes. On prenait alors quelques mesures transitoires. On leur accordait, par exemple, du temps pour s'acquitter en différents paiements, ou les déchargeait de tous les arrérages échus, quelquefois même on leur ouvrait le trésor public. Vers 667, une loi autorisa les débiteurs à payer en monnaie de cuivre au lieu de monnaie d'argent, et réduisit ainsi les dettes des trois quarts.

Tous ces moyens ne faisaient qu'augmenter le mal, et une fois la crise passée, la cupidité des prêteurs reprenait son cours. Il n'avait été ni juste ni possible d'empêcher le prêt à intérêt. Il est évident que celui qui a besoin d'argent doit le louer comme il loue toute autre chose. Sans doute, l'argent prêté ne produit pas matériellement l'argent, mais pendant que le prêt dure, le prêteur est privé de son argent, l'emprunteur en dispose à son profit et à sa convenance. Il y a donc service rendu à l'un au détriment de l'autre, et dès lors il doit y avoir rémunération. Le créancier ensuite court un risque plus ou moins grand de perdre son capital, il a donc droit à une prime pour ce risque.

L'intérêt, maintenu dans de justes limites, n'a donc rien que de très-raisonnable. Mais quand, les capitaux se trouvant aux mains d'un petit nombre, les prêteurs abusent des besoins urgents des emprunteurs, ou bien, quand ils excitent leurs passions ou en profitent pour exiger d'eux des intérêts exorbitants, il y a immoralité et le législateur doit intervenir. Il n'y a plus alors prêt à intérêts, il y a prêt usuraire; or, entre ces deux prêts, il y a la même distance qu'entre le bien et le mal. L'intérêt, dit M. Troplong, est comme le vin : l'usage en est salutaire, l'excès en est funeste,

A Rome, l'emprunt était indispensable; ce qui le prouve, ce sont les ruses auxquelles on avait recours pour éluder la loi; c'était une conséquence de la situation sociale de Rome. Or, les possesseurs de capitaux eussent mieux aimé garder leurs fonds que de les prêter pour n'en rien retirer et être exposés à les perdre. Il y avait donc de la maladresse de la part des législateurs romains à prohiber le prêt à intérêt. Les prêteurs s'indemnisaient du péril et exigeaient des intérêts d'autant plus élévés qu'ils avaient moins de chance d'être payés.

Aussi, à l'époque de Cicéron, le prêt à intérêt est-il autorisé par la législation. La limite admise dans le Droit comme maximum du taux, est désignée par une nouvelle locution, celle de *centesima usura*. C'est là l'intérêt légitime le plus élevé qui puisse être pris *maximæ gravissimæ*.

L'intérêt est calculé suivant la division décimale, par centièmes et pour chaque mois. Le débiteur paie un pour cent par mois aux calendes, c'est-à-dire douze pour cent par an.

A cette époque, la situation de Rome a changé, le peuple n'est plus seul pour emprunter. Les emprunteurs sont maintenant des patriciens, dont le patrimoine a été anéanti par les proscriptions et les guerres civiles, des insensés entraînés par l'amour du luxe, des ambitieux qui achètent les suffrages au poids de l'or, des chefs de parti qui, pour conserver leur popularité, se montrent prodigues de largesses, et des fils de famille qui dévorent à l'avance le patrimoine de leurs parents. Le taux a une limite, mais on n'en tient pas compte, et l'usure continue sans autre frein que la concurrence des capitaux.

Les provinces surtout étaient ravagées par des usures. affreuses. La loi Gabinienne avait défendu le prêt à intérêt entre les habitants des provinces et les citoyens romains. Mais, je l'ai déjà dit, cette loi fut promptement violée. Le sénat accorda par des sénatus-consultes la permission d'emprunter des citoyens romains. Et chaque gouverneur, en entrant dans sa province, mettait à l'intérêt le taux qui lui plaisait. Les impôts, les ravages des armées et les rapines des magistrats étaient tels, que les particuliers, très-souvent les villes entières, étaient obligés de recourir à l'emprunt.

C'était à Rome qu'il fallait s'adresser, à Rome, qui avait à peu près tout l'argent de l'univers, et qui était devenue une immense exploitation du reste du monde.

Cicéron raconte qu'à l'époque de son proconsulat de Cilicie, il avait rendu un édit qui fixait à la centésime le taux de l'intérêt, mais que Brutus, sous des noms empruntés, avait prêté aux Solaminiens une somme très-forte à quatre pour cent par mois, et avait obtenu pour cela deux sénatus-consultes dans lesquels il était dit que ce prêt ne serait pas regardé comme une fraude faite à la loi (précaution contre la loi Gabinienne), et que le gouverneur de Cilicie jugerait en conformité des conventions portées par le billet.

Justinien a abaissé le taux des intérêts, qui s'était maintenu à la centésime, et l'a réduit en le variant suivant la qualité des personnes et suivant les circonstances. Ainsi, pour les prêts maritimes, l'intérêt, auparavant illimité, *est centesimæ usuræ* ou douze pour cent. Les intérêts moratoires aussi de douze pour cent dans certains cas, six dans d'autres, et enfin trois ou quatre quelquefois.

Pour les intérêts conventionnels, quatre pour cent pour les personnes illustres ; huit pour cent pour les négociants, six pour toute autre personne, et quatre pour cent pour toute personne prêtant de l'argent à un cultivateur.

III. Le prêt à intérêt et le prêt de consommation, dans lequel le prêteur exige un dédommagement (*versura, fœnus, usuræ*) pour la privation momentanée de la chose (*caput, sors*).

On ne peut prêter à intérêt qu'une somme d'argent ou des choses *quæ numero, pondere vel mensura consistunt* (*Cod.*, art. 4, 32, 23).

Dans les premiers temps de Rome, alors que, la civilisation n'étant qu'à son origine, l'ordre des impressions physiques avait plus de puissance que l'ordre intellectuel, il fallait donner aux actes juridiques un vêtement matériel pour les rendre sensibles. Le prêt à intérêt se faisait donc *per aes et libram*. L'intervention du pontife, faisant les fonctions de *libripens*, la présence des cinq témoins citoyens et pubères, les interrogations et les réponses sacramentelles donnaient à ce contrat un caractère de solennité qui explique la sévérité avec laquelle était traité le *reus* qui l'avait violé.

Avec le temps on se débarrasse de la nécessité de faire figurer l'*aes et libra* ; on conserve seulement la *nuncupatio*, c'est-à-dire les paroles solennelles. Le prêt à intérêt se fait alors *verbis*. Ce sont des interrogations solennelles (*stipulatio*), suivies de réponses conformes (*responsio, promissio*). Ce mode de contracter était réservé dans l'origine aux citoyens romains. Les termes consacrés étaient ceux-ci : *spondes? spondeo*. Mais avec le temps on le rendit accessible aux *peregrini*, on admettant d'autres interrogations et réponses : *promittis? promitto; dabis? dabo*, comme étant du Droit des gens. Enfin, plus tard, le grec même est admis : l'une des parties peut interroger en latin et l'autre répondre en grec, et réciproquement. Il suffit que l'interrogation et la réponse soient conformes, quelles que soient, du reste, les expressions employées.

La prononciation des formules, *verbis*, forme le contrat, le lien de droit.

Le prêt à intérêt se contractait aussi *litteris*. Mais il faut ici distinguer l'obligation *litteris* de l'ancien Droit et celle du Droit de Justinien. Voyons la première.

De même que l'obligation verbale reposait sur une solennité verbale, de même l'obligation écrite se basait sur une forme écrite. On inscrivait sur le registre domestique, *codex*, *tabulæ*, qu'une somme avait été donnée et reçue à telles conditions (*nomen*).

Mais qui devait faire cette inscription ? On n'est pas d'accord sur ce point.

Des auteurs, se fondant sur l'analogie que devait avoir le contrat *litteris* avec le contrat *verbis*, prétendent que tous deux, créancier et débiteur, devaient inscrire sur leur *Codex*, le premier, comme ayant *expensum*, le deuxième, ayant *acceptum*. D'autres prétendent qu'il suffisait que le créancier, sur l'ordre ou le consentement du débiteur, inscrivît le *nomen* sur son *Codex*. Enfin, d'autres encore prétendent qu'il fallait l'insertion du *nomen* sur le registre du créancier, mais faite de la main du débiteur.

L'écriture est autre chose qu'une preuve ; elle forme le contrat, comme les paroles le forment dans le contrat *verbis*.

Le contrat *litteris*, en principe exclusivement propre aux seuls citoyens romains, est étendu plus tard sous une forme différente aux étrangers, dans les *syngraphæ* et les *chirographa*. Mais bientôt l'emploi du *Codex* ou *tabulæ*, et avec lui le véritable contrat *litteris* des Romains, tombe en désuétude. Il en advient de même aux *syngraphæ*, et le *chirographum* n'arrive à Justinien que considérablement modifié et réduit, à peu de chose près, à la valeur d'une *cautio*.

Sous Justinien, la simple remise d'un *chirographum*, d'une *cautio*, ne constitue pas par elle-même une obligation. Ainsi, celui qui reconnaît, par un *chirographum*, devoir à intérêt à une personne une somme que celle-ci lui a prêtée, ne peut, pendant deux ans, être actionné en vertu de ce chirographe : quand, pendant cet espace de temps, le porteur de ce chirographe veut exiger le paiement, il est repoussé par l'exception *non numeratæ pecuniæ*, et comme cette exception n'est en réalité qu'une *litiscontestatio* négative, le créancier devra prouver par d'autres moyens qu'il a réellement compté les espèces. Ainsi, celui qui a donné le chirographe, s'il n'a pas reçu l'argent et s'il n'a pas transcrit *animo donandi*, pourra répéter sa reconnaissance pendant deux ans, en intentant la *condictio sine causa* (*Cod.*, IV, 30). Mais, après ce laps de temps, qui chez le mineur ne commence que du moment de sa majorité, le souscripteur est tenu au paiement, peu importe qu'il ait réellement reçu l'argent ou non : le chirographe est devenu obligatoire pour lui, et la cause de son obligation n'est pas, parce qu'il a reçu, mais parce qu'il a reconnu avoir reçu du possesseur du chirographe la somme que cet acte mentionne : *Non re sed litteris obligatur*.

Enfin , le prêt à intérêt peut aussi résulter d'un *pactum adjectum*, ajouté à un contrat de bonne foi. Mais , dans ce cas, ce n'est pas, à proprement parler, un contrat de prêt à intérêt, c'est une vente , un échange, ou tout autre contrat à titre onéreux, fait à crédit.

L'obligation qui naît du prêt de consommation , consistant à rendre ce qui a été reçu, il est évident qu'elle ne saurait comprendre les intérêts, qui sont un objet nouveau, un accroissement à ce qui a été réellement donné. Aussi, les intérêts n'étaient-ils pas sous-entendus: il fallait une convention expresse, une promesse sur stipulation spéciale dans les contrats *verbis*, et une inscription particulière dans les contrats *litteris* (Digeste, 19, 5, 24.)

Cependant les prêts maritimes, les prêts de denrées, les prêts faits par les villes et ceux faits par les banquiers emportaient intérêt *ex pacto nudo*.

C'est à l'occasion des prêts faits par les banquiers et changeurs que l'on trouve encore quelques traces des *codex* et *tabulæ* dans le *Digeste*. Les prêteurs déposaient leur argent chez les banquiers, *mensarii*, qui avaient leur taverne autour du Forum, dans un endroit appelé *Medius Janus*. L'emprunteur s'y rendait. On amenait des *pararii* ou officiers publics qui faisaient fonction de témoins. On comptait la somme; le *mensarius* ouvrait son livre, dans lequel l'emprunteur écrivait qu'il avait reçu telle somme de tel banquier, de l'argent de telle personne, et qu'il s'engageait à rembourser intérêts et capital à telle époque; puis il apposait sa signature, les témoins en faisaient autant et l'affaire était conclue. Le prêteur inscrivait alors le prêt sur son registre particulier, *codex, tabulæ*.

On ne peut prêter à intérêt qu'une chose dont on est propriétaire et dont on a la libre disposition. Si on prête à intérêt une chose dont on n'est pas propriétaire, l'emprunteur n'en devient pas propriétaire par l'effet du prêt. Mais il en acquiert cependant la propriété si un autre motif se joint au prêt, lorsqu'il consomme de bonne foi la chose reçue ou qu'il la mêle avec les siennes.

L'*exceptio senatus-consulti Macedoniani* était opposable au prêt à intérêt comme au *mutuum* pur et simple. Ainsi, celui qui avait prêté de l'argent à intérêt à un fils de famille sans le consentement de son parent sous la puissance duquel il se trouvait, quand il intentait une action en paiement, soit du capital, soit des intérêts, pouvait être évincé au moyen de cette exception, aussi bien par le fils de famille devenu *sui juris* par la mort du père ou par l'émancipation que par le père lui-même (*Digeste*, XIV, 6).

Mais ce sénatus-consulte se borne à refuser une action au créancier, tout en laissant subsister l'obligation naturelle. Ainsi le fils et le père ou la caution qui paie la dette n'a rien à répéter par la *condictio indebiti*; de même, le créancier est toujours admis à opposer la compensation. Comme pour le *mutuum* pur et simple, il est des cas où ni le père ni le fils ne peut invoquer l'exception du sénatus-consulte macédonien. Ce sont les suivants: Quand le père a consenti au prêt ou s'il l'a ratifié par la suite (*Digeste*, XIV, 6, 15); quand le père commet son fils *magister navis* ou *institor*, ou lorsqu'il lui a donné un pécule pour faire le commerce et que le fils contracte un emprunt en cette qualité ou relativement au commerce que son père lui a donné;

quand l'emprunt a été employé à l'avantage du père, etc. Mais le fils ne peut invoquer le bénéfice du sénatus-consulte macédonien, quand il possède des biens soumis à sa libre disposition, un *peculium castrense* ou *quasi castrense* ou un *peculium adventitium extraordinarium*, il est alors tenu jusqu'à concurrence de ces biens; et quand, devenu *sui juris*, il a expressément ou tacitement reconnu et ratifié l'emprunt qu'il avait contracté.

L'emprunteur par *mutuum* pur et simple pouvait répéter les intérêts qu'il avait payés

De ce que quelqu'un a payé pendant plusieurs années des intérêts à titre d'emprunteur à intérêt, il ne faut pas conclure qu'il doive le capital, mais il sera obligé de payer encore ces intérêts à l'avenir (*Dig.*, XXII, 1, 6).

L'obligation de payer le principal étant différente de celle de payer les intérêts, quand on avait agi en justice pour le capital, on pouvait intenter une nouvelle action pour les intérêts.

Le dépôt dans un temple de l'argent dû arrête le cours des intérêts (*Dig.*, XXII, 1, 7).

Le fisc ne donne point d'intérêts pour les sommes dont il est débiteur. Il en reçoit pour celles dont il est créancier. Mais, quand il succède à un particulier, il paie les intérêts des sommes dues par son auteur.

Ceux qui payaient à leurs créanciers des intérêts au-dessous de six pour cent, devenant les débiteurs du fisc, doivent alors payer les intérêts à six pour cent (*Dig.*, VXII, 17, §§ 5, 6).

Dans le prêt à intérêt, le taux se règle au gré des parties, sans qu'il puisse toutefois dépasser le taux fixé par la loi.

Le taux doit être indiqué dans le contrat. Si donc un emprunteur souscrivait à son créancier le billet suivant : « Je soussigné reconnais avoir reçu d'un tel la somme de tant qu'il m'a prêtée, laquelle somme je promets lui rendre aux calendes de mars prochain avec les intérêts dont nous sommes convenus, » on ne pourrait pas demander d'intérêts en vertu d'un pareil billet, si on ignorait de quels intérêts on était convenu (*Dig.*, XXII, 1, 41, 2).

On ne peut fixer à la place des intérêts une peine excédant le taux permis (*Dig.*, XXII, 1, 44).

Si un débiteur, ayant consenti des intérêts au-dessous du taux légal, s'est engagé à en payer de plus forts s'il ne payait dans un terme fixé, ces intérêts seront dus s'ils ne dépassent pas le taux légal, et y seront réduits dans le cas où ils le dépasseraient (*Dig.*, XXII, 1, 9).

Si un débiteur qui avait promis à son créancier le maximum de l'intérêt, ne lui a payé pendant plusieurs années qu'un intérêt inférieur, l'héritier du créancier ne pourrait exiger cet intérêt maximum : le débiteur le repousserait par l'exception fondée sur une convention présumée entre lui et le créancier (*Dig.*, XXII, 1, 13).

Si des intérêts illégitimes se trouvent mêlés avec le capital, ces intérêts ne sont pas dus, mais le capital n'en souffre aucun préjudice (*Dig.*, XXII, 1, 20).

Si le créancier a stipulé des intérêts illégitimes, on doit regarder comme inexistant ce qui est illicite, et on peut demander les intérêts légitimes (*Dig.*, XXII, 1, 29).

Si l'on a payé des intérêts illégitimes, on a pour les réclamer la *condictio indebiti*.

«Quand la somme des intérêts payés égalait le princi-pal, leur cours était arrêté, c'est ce qui explique pour-quoi on ne connaissait chez les Romains, ni la rente perpétuelle, ni la rente viagère. La novelle 160 de Justinien nous indique cependant un cas de rente, mais c'est le seul. Les officiers municipaux de la ville d'Aphro-dise avaient mis une somme d'argent à intérêt pour la ville. Les débiteurs, se prévalant d'une constitution de Justinien qui établissait que, quand les intérêts payés égalaient le capital, ils cessaient de courir, refusèrent de payer. Justinien, consulté, répondit que la constitu-tion invoquée ne s'appliquait pas au cas présent. Que, dans l'espèce, l'intérêt payé devait être considéré plu-tôt comme un revenu annuel que comme l'intérêt de l'argent.

Il n'est point permis de faire payer les intérêts des intérêts (*anatocismus*), peu importe qu'on les ajoute au capital (*anatocismus conjectus*), ou que, les regar-dant eux-mêmes comme un capital (*anatocismus separatus*), le débiteur en paie des intérêts. L'anato-cisme n'existe que quand le même débiteur paie au même créancier les intérêts des intérêts qu'il lui doit. Point donc d'anatocisme quand un créancier prête à un tiers, comme capital, les intérêts qu'il perçoit de son débiteur, ou quand on paie les intérêts des intérêts qu'un autre doit. (*Dig.*, XXVI, 7, 7, 12.)

L'*intcrusurium* ou l'escompte est la diminution à la-quelle le débiteur peut prétendre, parce qu'il paie avant son échéance, et du consentement du créancier, une dette qui ne porte point d'intérêts.

Selon toute probabilité, le débiteur doit payer une somme qui, avec les intérêts ordinaires calculés jusqu'au jour de l'échéance de la dette, équivaudrait au capital.

Le prêt maritime ou *pecunia trajectitia* est un prêt en argent destiné à passer la mer en espèces ou en marchandises que le débiteur a achetées : le créancier, dans ce cas, supporte le risque de la perte depuis le jour du départ du vaisseau jusqu'au moment où il est arrivé au lieu de sa destination. Les intérêts stipulés pour ce prêt s'appellent *fœnus nauticum*. Le créancier, à cause du danger qu'il court, peut exiger des intérêts plus élevés que les intérêts ordinaires.

PROPOSITIONS.

DROIT ROMAIN.

1.

Le concubinat n'était point un mariage.

2.

Il y avait l'action paulienne *in rem* et l'action paulienne *in personam*.

3.

Le pupille qui contractait sans l'autorisation de son tuteur s'obligeait naturellement.

DROIT CIVIL FRANÇAIS.

1.

Le prêtre catholique peut adopter.

2.

Le créancier qui fait remise de la solidarité à l'un des débiteurs solidaires, ne peut se réserver le droit de poursuivre pour le tout les autres débiteurs.

3.

L'enfant ne rapporte point aux successions de ses père et mère les sommes qu'ils ont payées pour acquitter les dettes contractées par lui en minorité.

4.

Les père et mère n'ont point droit à une réserve sur les biens de leur enfant naturel.

5.

La séparation des patrimoines n'est pas un privilége.

DROIT ADMINISTRATIF.

1.

Deux frères peuvent être en même temps l'un membre du conseil municipal, l'autre maire de la commune, choisi par le gouvernement en dehors du conseil municipal.

2.

Dans le cas d'achat d'actions de chemin de fer par l'État, c'est la valeur réelle et non la valeur nominale qui doit être remboursée.

DROIT CRIMINEL.

1.

L'immunité de l'art. 380 du Code pénal ne profite point aux complices de l'enfant qui a volé son père.

2.

Le complice est passible de l'aggravation résultant d'une qualité personnelle à l'auteur de l'infraction, s'il a connu cette qualité.

3.

La concubine entretenue dans le domicile conjugal ne doit pas être considérée comme complice de l'adultère commis par le mari.

DROIT DES GENS.

L'inviolabilité des représentants des pays étrangers accrédités près d'un gouvernement s'étend aux individus attachés à leur personne et à leur suite.

Un embassadeur peut être arrêté, quand il conspire contre le gouvernement près duquel il est accrédité.

Vu par nous président de la thèse.
Strasbourg, le 8 mai 1856.

RAU.

Vu par le doyen,

AUBRY.

Permis d'imprimer,

Strasbourg, le 9 mai 1856.

Le Recteur, DELCASSO.

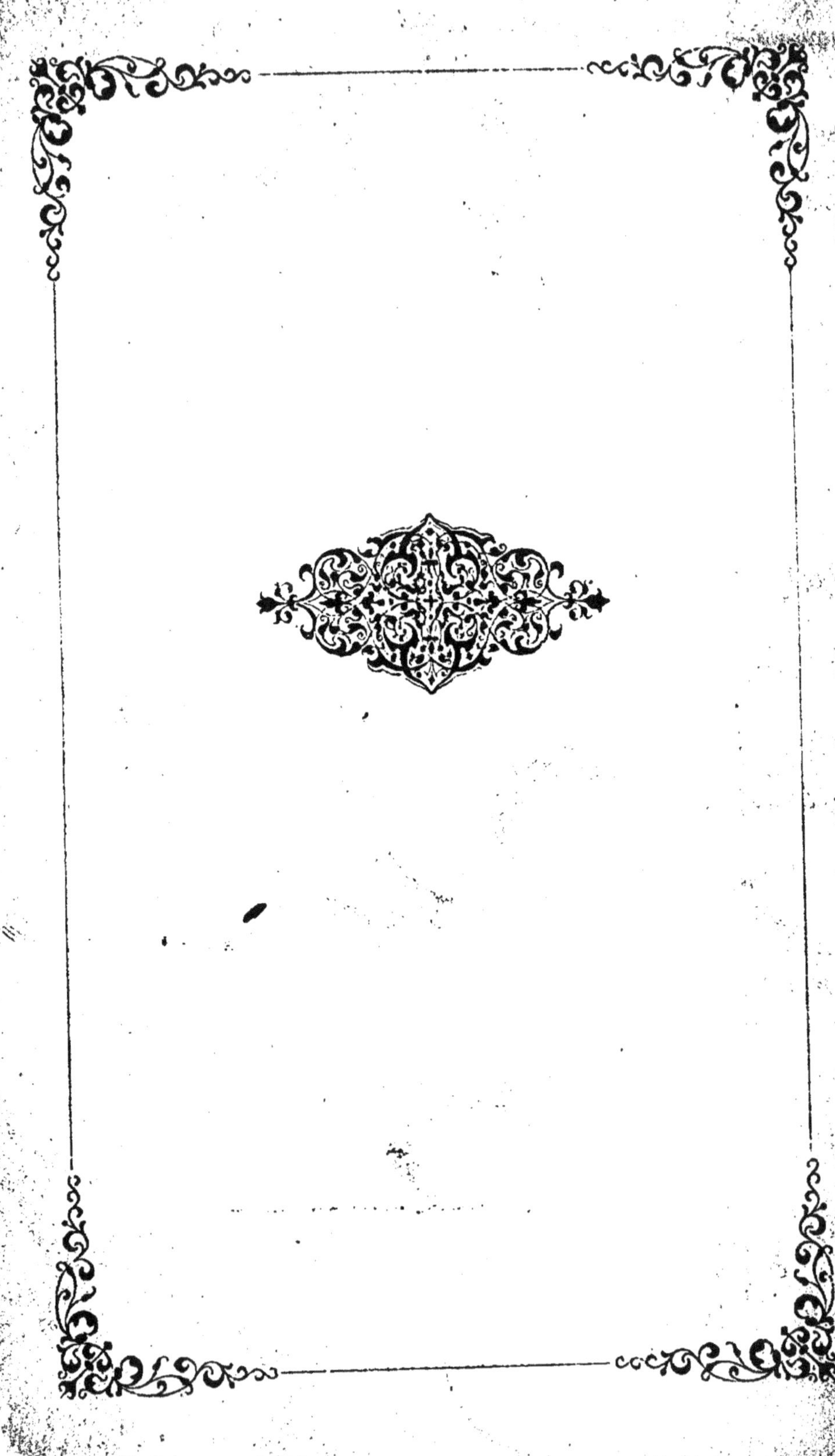

www.ingramcontent.com/pod-product-compliance
Lightning Source LLC
LaVergne TN
LVHW010400060726
842526LV00005B/1429